Er hat die Organizing-Strategie erfunden: Saul D. Alinsky, der sich selbst als „Radikaler“ versteht, beschäftigt sich mit dem systematischen Aufbau von Massenorganisationen, dem Erlangen von Macht und der Verteilung von „Macht an das Volk“. Auf der Basis einer konsequenten Konflikt- und Beteiligungsorientierung entwickelt Alinsky Strategien, Taktiken und Kampagnenregeln, mit denen sich die scheinbar Machtlosen erfolgreich gegen die Herrschenden zur Wehr setzen können.

Alinsky hat mit seinen Prinzipien der Massenorganisation wesentlichen Einfluss auf die US-amerikanische Bürgerrechts- und Studentenbewegung gehabt. Seine Schriften haben in den USA großes Aufsehen erregt. Die „Los Angeles Times“ schrieb: „Lustig, philosophisch, kurz, ein Handbuch für Protestler.“ Das „Wall Street Journal“: „Alinsky wird als der beste Organizer der Bürgerbewegungen in diesem Land anerkannt.“

Um die Jahrtausendwende wurde seine strategische Leistung von der US-amerikanischen Gewerkschaftsbewegung wiederentdeckt, die sie zur praktischen Grundlage sehr erfolgreicher Kampagnen machte. Von Alinsky lernen heißt siegen lernen – wenige Jahre später entdeckten auch die deutschen Gewerkschaften die Potenziale seiner Organizing-Strategie.

Heute können Alinskys Gedanken maßgeblich zu einem neuen Verständnis von politischer und gewerkschaftlicher Basisarbeit in Deutschland, in Europa und in der ganzen Welt beitragen. Und in diesem Zusammenhang noch eines: „Diejenigen, die diese direkte Sprache nicht vertragen und auf Schonkost angewiesen sind, können und werden das hier Erörterte ohnehin nicht verstehen“, warnt Alinsky seine bürgerlichen Leser.

Saul D. Alinsky
Organizing und Empowerment –
Politische Schriften

CALL ME A RADICAL

Zusammengestellt und aus dem Englischen von Karl-Klaus Rabe (1984/1999)
Redaktionell bearbeitet und aktualisiert von der IG Metall Jugend (2010)
Mit einem Vorwort von Eric Leiderer, Bundesjugendsekretär der IG Metall
und einem Nachwort von Detlef Wetzel, Zweiter Vorsitzender der IG Metall

Über den Autor: Saul David Alinsky, 1909 in Chicago geboren, organisierte die Bewohner der Slums seiner Heimatstadt. Er gründete Basisorganisationen und bildete Mitarbeiter aus, die in den ganzen USA Bürgerbewegungen aufbauten: in den schwarzen Elendsvierteln, unter mexikoamerikanischen Landarbeitern ... Die von ihm entwickelten Taktiken und Strategien erwiesen sich als höchst effektiv. Das Establishment fürchtete ihn als den führenden und besten Organizer der gesamten politischen Bürgerrechtsbewegung. Alinsky wurde mehrfach inhaftiert. Erst im Gefängnis fand er die Zeit, seine Gedanken zu Papier zu bringen. Er starb 1972. Seine Schriften haben Gültigkeit „für alle Zeiten" (Chicago Daily News).

Die Deutsche Bibliothek – CIP-Einheitsaufnahme
Saul D. Alinsky: Call Me a Radical
Organizing und Empowerment – Politische Schriften
ISBN 978-3-88977-692-1

Bearbeitete und aktualisierte Neuauflage Edition IG Metall Jugend bei Lamuv
Herausgeber Karl-Klaus Rabe, Lamuv Verlag; Regina Görner/Eric Leiderer, IG Metall
Titel der deutschen Originalausgabe Saul. D. Alinsky Anleitung zum Mächtigsein
Übersetzung aus dem Amerikanischen Karl-Klaus Rabe
Redaktionelle Bearbeitung der Neuauflage Eric Leiderer, IG Metall Jugend

Umschlag, Gestaltung und Satz Kornberger und Partner Kommunikationsberatung, Berlin,
www.kornbergerpartner.com
Fotografie Jan Michalko
Gesamtherstellung Pro Business, Berlin

Printed in Germany, Dezember 2010

„Dieses Buch beschäftigt sich mit dem Aufbau von Massenorganisationen, dem Erlangen von Macht und der Verteilung von Macht an die Bevölkerung.

Es handelt von der Verwirklichung des demokratischen Traums von Gleichheit, Gerechtigkeit, Frieden, Vollbeschäftigung, Gesundheit und der Möglichkeit, nach den Wertvorstellungen zu leben, die dem Dasein einen Sinn verleihen."

Saul David Alinsky

Vorwort zur Neuauflage

Saul David Alinsky ist der Erfinder der politischen Mobilisierungs- und Kampagnenstrategie namens „Organizing“ – einer Strategie, die von Anfang an auf Arbeitsbedingungen sozialer Bewegungen und politischer Basisinitiativen zugeschnitten war. Und die uns deshalb gerade heute enorm viel zu sagen hat – geht es bei Alinskys Konzept doch im Kern um die Beteiligung aller Menschen an demokratischen Prozessen, die hier und heute immer mutiger und immer offensiver eingefordert wird.

Organizing ist ein seit Jahren heiß diskutiertes Thema, insbesondere in der deutschen Gewerkschaftsbewegung. Und das nicht nur, weil US-amerikanische Gewerkschaften große Erfolge mit Kampagnen erzielt haben, die wesentlich auf Prinzipien des Organizing basieren. Und seither auf dem

Weg sind, wieder ein Akteur zu werden, mit dem man in der amerikanischen Gesellschaft rechnen muss.

Ebenso wichtig ist die zutiefst demokratische Idee, auf der Organizing basiert. Die Idee, gemeinsam mit den Menschen für konkrete Veränderung und für eine gerechte und offene Gesellschaft zu kämpfen. Die Idee, den Menschen die Macht zurück zu geben, die ihnen in der Demokratie eigentlich gehört. Die Idee von einer Welt, in der „alle Menschen aufrecht ihren Weg gehen können“. Eine Idee also, die uns als Gewerkschafterinnen und Gewerkschaftern sehr vertraut ist – und die doch Akzente setzt, die uns in Deutschland neu erscheinen.

Entstanden ist die Idee des „Community Organizing“ in den 1930er-Jahren in den USA, einer Zeit, die geprägt war von den Folgen der bis dahin größten Krise des Kapitalismus, der Weltwirtschaftskrise im Jahr 1929, die massenhafte Armut und verbreitete Perspektivlosigkeit zur Folge hatte. In diesem Umfeld entwickelte Saul David Alinsky, 1909 als Sohn russischer Juden in Chicago geboren, seine strategischen Prinzipien und taktischen Leitlinien – zunächst, um die Bewohner in den Arbeitervierteln seiner Heimatstadt darin zu unterstützen, selbst etwas gegen die sozialen und gesellschaftlichen Missstände in ihren Stadtvierteln unternehmen zu können.

Doch verfolgte Alinsky dabei auch eine gesellschaftliche Vision, die weit über die Bekämpfung konkreter Missstände im unmittelbaren Umfeld der Menschen hinaus wies. Stets wollte er sie direkt an zentralen gesellschaftlichen Diskussionen beteiligen und in Entscheidungen einbeziehen. Immer misstraute er dabei bürokratischen Apparaten und den Zentren der Macht – und hatte zugleich großes Vertrauen in die Urteilskraft der Menschen. Und immer ging es ihm darum, Demokratie zur täglich gelebten Praxis werden zu lassen, an der alle Menschen gleichermaßen teilhaben können.

Das macht Alinsky heute wieder so wichtig. Denn unser gegenwärtiges Gesellschaftssystem befindet sich in einer tiefen Krise, die mittlerweile alle relevanten Bereiche politischen Handelns betrifft. Diese Krise tritt nicht nur dort zutage, wo Staaten unvorstellbar hohe Summen ausgeben, um Banken und Konzerne zu retten und wenig später drastische Kürzungen im sozialen Bereich verkünden. Diese Krise wird sichtbar in der Wirtschaft, wo die Löhne der einfachen Beschäftigten seit über zehn Jahren nicht mehr nennenswert steigen, während prekäre Jobs zunehmen und die Unternehmensgewinne sich vervielfacht haben. Sie wird sichtbar, wo die junge Generation in ganz Europa gegen Bildungsabbau und Perspektivlosigkeit rebelliert. Und sie wird sichtbar im Widerstand gegen Überwachungswahn im Internet und gegen Polizeiwillkür auf Demonstrationen. Konflikte wie der um den Stuttgarter Hauptbahnhof zeigen zudem in jüngster Zeit, dass die Entfremdung zwischen der Bevölkerung und dem politischen Apparat eine neue Dimension angenommen hat. Sie zeigen, dass die Menschen sich nicht länger von einem technokratischen System bevormunden lassen wollen, sondern ihr Recht auf Mitsprache laut und deutlich geltend machen. Sie zeigen, dass das alte System stellvertretender Interessenvertretung an vielen Stellen an seine Grenzen stößt, weil weitergehende demokratische Beteiligung eingefordert wird.

Besonders deutlich tritt diese Entfremdung immer dann zutage, wenn es um die Belange der Jungen Generation geht. Nicht nur die stetig sinkende Wahlbeteiligung in dieser Gruppe führt uns regelmäßig vor Augen, dass das System der politischen Repräsentation, an das wir uns in den letzten 60 Jahren gewöhnt haben, ein ernstes Problem hat. Eine Vielzahl an Studien untermauert, dass das Vertrauen in Parteien und Politiker an einem historischen Tiefpunkt angekommen ist.

Das ist eine Entwicklung, die gerade für Gewerkschaften von großer Bedeutung ist und die seit Jahren auch in den Betrieben beobachtet werden kann. Erfolgreich sind Kampagnen und betriebliche Auseinandersetzungen vor allem dann, wenn die Beschäftigten selbst mitmachen und vor Ort für ihre eigenen Interessen aktiv werden, im Betrieb und in der Gesellschaft. Das mag die gewohnte Stellvertreterkultur auf den Kopf stellen – birgt aber gerade für gewerkschaftliche Arbeit auch enorme Potenziale. Und es ist eine Blaupause für die demokratische Weiterentwicklung unserer Gesellschaften, die nach wie vor nicht immun gegen totalitäre und autoritäre Ideen sind.

Daher sind wir der Überzeugung, dass die Schriften von Alinsky heute nichts von ihrer Bedeutung eingebüsst haben, dass ihre Zeit mehr denn je gekommen ist. Und das ist der Grund, warum wir uns entschlossen haben, die Schriften neu herauszubringen.

In der vorliegenden 3. Auflage haben wir ein paar Änderungen an der Struktur und an der Übersetzung einiger Begriffe vorgenommen, weil wir glauben, so unseren Lesern und unserer Zeit besser gerecht werden zu können. Im Großen und Ganzen folgen wir jedoch der Arbeit von Karl-Klaus Rabe und dem Lamuv Verlag und möchten an dieser Stelle unseren Dank für die gute Zusammenarbeit aussprechen – und für das nach wie vor großartige Vorwort zur deutschen Erstausgabe.

Die Gelegenheit ist günstig. Die momentane politische und gesellschaftliche Stimmung verlangt nach Veränderung und es ist an uns, sie zu nutzen, um unsere Gesellschaft zu einer Beteiligungsdemokratie zu machen, an die die Menschen wieder glauben können. Alinsky liefert uns die Werkzeuge, um diese Aufgabe anzugehen.

Eric Leiderer,
Bundesjugendsekretär der IG Metall

Dezember 2010

Vorwort zur deutschen Erstausgabe

1909 wurde in einem der schlimmsten Slums Chicagos Saul D. Alinsky geboren. Seine Eltern waren russische Immigranten, sehr orthodoxe Juden und arm. Seine Mutter war 17 Jahre alt, als sie ihn zur Welt brachte.

Saul Alinsky wuchs in den Straßen des Elendsviertels auf. Wenn er sich später seiner Kindheit erinnerte, musste er immer wieder daran denken, wie er im hinteren Teil eines kleinen Ladens gelebt hatte. „Meine Vorstellung von Luxus war, in einer kleinen Wohnung zu leben, in der ich die Toilette benutzen konnte, ohne dass meine Eltern an die Tür hämmerten, damit ich herauskomme, weil ein Kunde rein wollte."

Seine Eltern trennten sich, als er 13 oder 14 war. Sein Vater ging nach Kalifornien, seine Mutter blieb in Chicago, zog aber mehrmals um. Den Sommer verbrachte Saul in Kalifornien. Mit seinem Vater hatte er wenig zu tun. Wenn er ankam, sagte er zu ihm: „Hello", drei Monate später: „Goodbye" – das war's dann auch schon.

Saul besuchte ein gutes Dutzend verschiedener Schulen. Dass ihn als Jugendlichen ein soziales Gewissen geplagt hätte, dessen konnte er sich später nicht entsinnen. Wenn er in Kalifornien war, interessierte ihn nichts anderes als Tennis, er wurde aber nie ein guter Spieler. In Chicago war er besessen von der Fliegerei, trieb sich sooft er konnte auf dem Checkerboard-Flugplatz herum, fegte Hangars aus und erledigte andere kleine Arbeiten, nur damit man ihm eines Tages das Fliegen beibringen solle. Doch seine Pilotenträume endeten mit dem Absturz einer kleinen Maschine, den er erlebte und bei dem Tony Yackey, für den er arbeitete, ums Leben kam.

1926 fing er mit dem Studium an der University of Chicago an. Mehr oder minder zufällig machte er einen Abschluss in Archäologie. Soziologieseminare belegte er auch, aber sie interessierten ihn eigentlich nicht. Was in ihnen gelehrt wurde, schien ihm zu lebensfremd.

Im dritten oder vierten Studienjahr organisierten einige Kommilitonen Solidaritätsaktionen für die Bergarbeiter im Süden von Illinois, die gegen den radikalen Gewerkschaftsführer John L. Lewis rebellierten. Saul beteiligte sich an diesen Aktionen, sammelte Lebensmittel in Chicago, um sie mit Lastwagen zu den hungernden Arbeitern zu bringen. Bei dieser Gelegenheit legte er sich mit dem Sheriff einer Kleinstadt an, der ihn kurzerhand einsperrte; „es war eine neue Erfahrung für mich damals", so Alinsky hinterher.

1930 verließ er die University of Chicago. Es herrschte die Zeit der großen Depression. Wer interessierte sich schon für jemanden, der einen Abschluss in Archäologie gemacht hatte! Obwohl er kaum Geld hatte, konnte er sich durchschlagen. Seine schwedische Vermieterin war ein Glücksfall; sie sagte ihm, er solle sich keine Sorgen machen und ihr die Miete dann zahlen, wenn er es könne. Das einzige Problem war das Essen, denn seine Mutter hätte ihm zwar ihren letzten Dollar gegeben, aber sie hatte Mühe, sich selbst über Wasser zu halten, und sein Vater war von der Bildfläche verschwunden. Und von Sozialhilfe wollte Saul nicht leben: „Lieber klaue ich, als dass ich Wohlfahrtsunterstützung nehme."

Für eine Weile löste er das Problem, indem er in Delikatessengeschäfte ging und sich an den dort angebotenen Kostproben satt aß. Das ging etwa einen Monat gut, bis ihn zwei kräftige Typen „wie in einer von diesen alten Filmkomödien" auf die Straße beförderten.

Kurz danach saß er in einer der billigen Gaststätten, die zu einer Kette gehörten, trank eine Tasse Kaffee und kam ins Meditieren, wie er meinte: „Hier sitz ich nun, ich kluger Scheißkerl, Abschluss cum laude ... Wie kommt's, dass ich nicht meinen Lebensunterhalt verdienen kann? Ich habe der Gesellschaft eine Chance gegeben. Ich habe vieles versucht, wobei ich immer ehrlich war. Was mache ich nun?"

Auf einmal hatte er eine Idee. Er nahm seine Tasse Kaffee, setzte sich in die Nähe der Kassiererin und unterhielt sich mit ihr. Dann stand er auf und sagte: „Oh, es tut mir leid, ich habe meine Rechnung verloren." Da sie gesehen hatte, dass er nur eine Tasse Kaffee getrunken hatte, meinte sie: „Das macht fünf Cent" und stellte ihm eine neue Rechnung aus, die er bezahlte. Danach ging er ein paar Straßen weiter in eine zweite Gaststätte, die zu dieser Kette gehörte: in seiner Hosentasche die unbezahlte Rechnung für den Kaffee. Dort aß er ein Gericht für 1,45 Dollar, legte aber bei der Kassiererin die Rechnung über fünf Cent aus der ersten Gaststätte vor. Auf diese Weise konnte er sich für zehn Cent ein dickes Essen und einen Kaffee leisten. Und damit waren – vorerst – alle Probleme gelöst.

Aber dann rührte sich irgendwann sein soziales Gewissen. Überall in der Universität sah er hungernde Studenten, und er glaubte, sein Geheimnis nicht mehr für sich behalten zu können. Also hängte er einen Zettel an das schwarze Brett und lud alle Hungrigen zu einem Treffen ein. Einige Leute dachten, es sei ein Gag, aber sie kamen. Er erklärte ihnen sein System und erläuterte an einem Stadtplan von Chicago, wo überall Gaststätten von bestimmten Ketten waren. Teams wurden eingeteilt, die mal in diesem Stadtviertel, mal in jenem die Gaststätten aufsuchen sollten. Es klappte alles perfekt – sechs Monate lang, bis die Ketten Rechnungen einführten, die nur noch für jeweils eine ihrer Gaststätten galten. Damit war die Sache beendet.

Völlig überraschend gewährte ihm die University of Chicago ein Stipendium, damit er eine Doktorarbeit in Kriminologie schreiben konnte. Womit er das verdient hatte, wusste er auch nicht. Wie auch immer, er nahm es an. Er sollte einen Einblick in die Kriminalität gewinnen. Um dies zu können, dachte er sich, müsse er in die kriminelle Szene hineinkommen. Er ging zum Hotel, das bekanntermaßen das Hauptquartier der berüchtigten Bande von Al Capone war. Als er dort eines der Gang-Mitglieder traf, dessen Bild er schon einmal in der Zeitung gesehen zu haben meinte, steuerte er auf ihn zu und sagte: „Ich bin Saul Alinsky, und ich studiere Kriminologie an der University of Chicago. Stört es Sie, wenn ich mich mit Ihnen herumtreibe?" Der Mann erwiderte: „Verschwinde, du Würstchen!" Alinsky ließ nicht locker und holte sich eine Abfuhr nach der anderen.

Eines Tages saß im Restaurant des Hotels eine Gruppe von Gang-Mitgliedern, unter ihnen einer von Capones Killern. Alinsky war der Einzige, der außer ihnen im Restaurant war. Der Killer fing an: „Kennt ihr schon diese Geschichte, als ich mir den Rothaarigen vorgeknöpft habe …" Die anderen stöhnten auf. „Mein Gott, wie oft müssen wir uns das denn noch anhören?" In dem Augenblick meldete sich Alinsky: „Mister, die würde ich gern hören!" Und der ließ sich das nicht zweimal sagen: „Komm mit deinem Stuhl rüber."

Auf diese Weise kam Alinsky mit der Bande in Kontakt. Er lernte sie kennen, wobei ihm viele Dinge in kürzester Zeit klar geworden seien, mit denen sich Soziologen semesterlang beschäftigten. Er studierte das Leben einer Stadt, die von der Capone-Gang beherrscht wurde: „Ich fand heraus, dass das Leben ganz schön verrückt ist, dass man sich anstrengen muss, wenn man sagen will, wer nun der Bessere ist. Hier gab es diese kriminelle Bande und dort all die guten Leute, die der Markt für Schnaps, Weibsbilder und Glücksspiel waren. Mir wurde bewusst, dass die Capone-Gang ein riesiges Dienstleistungsunternehmen für die Bevölkerung Chicagos war. Die ganze Capone-Gesellschaft war im Grunde in die Öffentlichkeit gegangen, jeder besaß Anteile an ihr. Und die Gangster leisteten die wichtigsten Beiträge für wohltätige Zwecke. Wenn Capone am Tag der Pfadfinder ein Fußballspiel besuchte, standen 3 000 Pfadfinder auf und schrien: ‚Yeah, Al!' So etwas prägt deinen Charakter."

Alinsky beschäftigte sich ein paar Jahre mit dem Bandenwesen Chicagos. Seine Doktorarbeit geriet dabei in Vergessenheit. Schließlich fing er an, in einem Gefängnis als Kriminologe zu arbeiten. Drei Jahre lang hielt er es dort aus. Er hatte das Gefühl, durch die Tätigkeit in einer Institution würde er abstumpfen und langsam aufhören zu denken. Als er das bemerkte, wusste er, dass er aufhören musste. Er war es leid, an Symptomen herumzudoktern, statt die Ursachen der Kriminalität zu bekämpfen: schlechte Wohnverhältnisse, Diskriminierung, wirtschaftliche Unsicherheit, Arbeitslosigkeit und Krankheiten.

Während er eine Phase der Desillusionierung durchmachte, herrschten Hitler und Mussolini in Europa. Der Spanische Bürgerkrieg war ausgebrochen. Und in den Vereinigten Staaten führte die radikale CIO-Gewerkschaft unter der Führung von John L. Lewis eine groß angelegte Organisationskampagne durch.

Alinsky schmiss von einem Tag auf den anderen seine Arbeit hin. Überall dort, wo sich etwas tat, war er zu finden: Er sammelte Spenden für die Internationalen Brigaden, die im Spanischen Bürgerkrieg kämpften. Er schaltete sich ein, wenn man Leute aus ihren Wohnungen schmeißen wollte, weil sie ihre Miete nicht mehr zahlen konnten. Er war bei den Streiks der Automobilarbeiter, die von der CIO organisiert wurden. Und er lernte viel von John L. Lewis, dem Gewerkschaftsführer, gegen den er noch als Student agitiert hatte und der jetzt zu einem seiner besten Freunde wurde.

So viel ihn mit Lewis verband, Alinsky ging eigene Wege. Statt für die Gewerkschaftsbewegung zu arbeiten, kehrte er dorthin zurück, wo er einst selbst hergekommen war: in die Slums Chicagos, in das Viertel Back of the Yards, das Upton Sinclair in seinem Buch „Der Dschungel“ beschrieben hat, in die Brutstätte aller faschistischen Bewegungen der Millionenstadt. Er wollte den Faschismus an der Heimatfront bekämpfen, im „Höllenloch des Hasses“.

Alinsky verstand sich als Organizer. Seine Berufsbezeichnung: Antifaschist. Er wurde konfrontiert mit Apathie, Hoffnungslosigkeit, Enttäuschung, Sinnlosigkeit, Verzweiflung, Angst … Er appellierte nicht an die Menschen, indem er moralische Werte predigte. Er sprach das Eigeninteresse an: „Schaut, ihr müsst das nicht hinnehmen, ihr könnt was dagegen tun. Ihr könnt Jobs kriegen, ihr könnt all die Schranken durchbrechen, die euch am Leben hindern. Aber ihr müsst Macht dazu haben, und diese Macht bekommt ihr nur, wenn ihr euch organisiert.“ Die einzige Stärke, die die Habenichtse besitzen, so Alinsky, ist, dass sie viele sind. Und wenn sich diese vielen zusammenschließen, sich organisieren, dann können sie Druck ausüben, dann besitzen sie Macht, dann können sie die Besitzenden in die Knie zwingen, dann können sie den Status quo infrage stellen, dann können sie über ihr eigenes Schicksal bestimmen, dann sind sie nicht länger Opfer, sondern Handelnde.

Alinsky muste manche Rückschläge einstecken, aber trotzdem schaffte er es: Er baute in Back of the Yards Ende der dreißiger Jahre eine starke Community Organization, eine starke Bürgerorganisation, auf. Er entwickelte Organisations- und Konflikttaktiken, die ihn zu einem vom Establishment gefürchteten Mann machten. Er wurde als Rebell verschrien, und er antwortete darauf: „Nennt mich einen Rebellen!" Er wurde als Radikaler denunziert, und er erwiderte, ja, er sei ein Radikaler, aber er stehe in der Tradition jener, die die Unabhängigkeit der Vereinigten Staaten von England erkämpft hatten. Er trete ein für die Verwirklichung des American Dream, des amerikanischen Traums. Es seien die Radikalen gewesen, die die Demokratie erstritten hätten. Und er habe auch nichts dagegen, ein Revolutionär genannt zu werden. Schließlich sei die Demokratie eine der größten Revolutionen in der Geschichte der Menschheit gewesen, und die USA seien in einem Revolutionskrieg geboren worden.

Alinsky ist in der Tat ein Rebell, ein Radikaler, ein Revolutionär, aber kein Sozialist, kein Kommunist, sondern ein Demokrat, wenn man so will, ein Basisdemokrat: „In einer Demokratie muss eine Regierung ständig auf den anhaltenden Druck des Volkes eingehen. Die einzige Hoffnung für die Demokratie ist, dass mehr Menschen und mehr Gruppen sich Gehör verschaffen und Druck auf ihre Regierung ausüben werden."

Alinsky wollte Basisorganisationen, Bürgerorganisationen aufbauen. Und er hatte damit Erfolg, in Back of the Yards und anderswo. Er fand einige wenige Geldgeber, die es ihm ermöglichten, 1940 die Industrial Areas Foundation zu gründen, die ihre Aufgabe darin sah, den Aufbau von Bürgerorganisationen in den USA zu unterstützen und Bürger-Organizer, sogenannte Community Organizer, auszubilden.

Bürgerorganisationen, das sind keine Stadtteilvereine, wie wir sie aus der Bundesrepublik kennen. Es sind auch keine Bürgerinitiativen, die sich mit einem speziellen Problem befassen.

„Die herkömmlichen Stadtteilvereine", so Alinsky, „werden schnell feststellen, dass die Probleme des Lebens sich nicht einzeln in Zellophan einwickeln lassen, und weil sie sich nicht mit den Wurzeln der Probleme auseinandersetzen können und wollen, ziehen sie sich in die Sphäre trivialer, oberflächlicher Verbesserungsvorschläge zurück ... Das Programm einer echten Bürgerorganisation nimmt gelassen die überwältigende Tatsache hin, dass alle Probleme miteinander zusammenhängen und dass sie alle das Produkt bestimmter grundlegender Ursachen sind, dass letztlich der Erfolg bei der Überwindung dieser Missstände nur durch einen Sieg über alle Missstände erzielt werden kann."

Das Ziel einer Bürgerorganisation in einem Slum kann nur die Beseitigung des Slums sein. Und dieses Ziel ist nur dann erreichbar, wenn in diesem Slum eine starke Bürgerorganisation entsteht, die mehr ist als eine Organisation der im Viertel vertretenen Organisationen: der Vereine, Gewerkschaften, religiöse Communities, Sportklubs ... Sie muss in der Bevölkerung verankert sein. Sie muss die Probleme aufgreifen, die ihr auf den Nägeln brennen, seien es nun verstopfte Abwasserkanäle, Ratten, Schlaglöcher in den Straßen, ein fehlender Zebrastreifen, Häuser, die verfallen, eine nicht funktionierende Müllabfuhr ... seien es Fragen der Gesundheitsversorgung, der Sozialhilfe, der Arbeit, der Umweltverschmutzung oder der Rassendiskriminierung.

Alinsky war der Meinung, dass Bürgerorganisationen nur von professionellen Organizern aufgebaut werden können, die etwas von ihrem Handwerk verstehen. Dabei reiche es nicht aus, bestimmte Techniken zu beherrschen, bestimmte

Taktiken anzuwenden. Ein Organizer müsse das Vertrauen der Bevölkerung gewinnen, ihre Sprache sprechen, Menschen zusammenbringen ... Seine Aufgabe sei es, die entscheidenden Impulse zu geben, damit eine machtvolle Organisation des Volkes geschaffen wird, die dessen Interessen durchzusetzen vermag. Sein Ziel dürfe es nicht sein, selbst zum Führer dieser Organisation zu werden oder der Bevölkerung die Lösung ihrer Probleme abzunehmen.

Alinsky war nie Mitglied einer Bürgerorganisation, nicht einmal bei denen, die er selbst aufgebaut hatte. Das hätte seinen Überzeugungen widersprochen. Er wollte eine Bürgerrechtsbewegung schaffen, den Menschen durch Organisation Macht geben. Nicht mehr und nicht weniger. Er wollte nie ein Sprecher der Bürgerrechtsbewegung sein.

Alinskys Arbeit in Chicagos Slums machte jedoch von sich reden, was allerdings zunächst einmal das Verdienst einer Presse war, die ihn erledigen wollte, ihn als subversive Bedrohung, als Feind von Gesetz und Ordnung, als „Radikalsten der Radikalen" darstellte. Alinsky kümmerte sich nicht um derartige Attacken. Sie verschafften ihm vielmehr bei denen Glaubwürdigkeit, die ihm reserviert gegenübergestanden hatten und sich nun sagten: „Wenn ihn diese Zeitungen in der Luft zerreißen wollen, dann muss er in Ordnung sein!" Über nichts freute sich Alinsky mehr, als vom Establishment in der Öffentlichkeit als gefährlich gebrandmarkt zu werden. Er nannte das eine Geburtsurkunde für den Organizer, der nun nicht mehr der Bevölkerung in den Elendsvierteln begründen musste, warum er sie organisieren wollte.

Aus allen Teilen der Vereinigten Staaten erhielt Alinsky Einladungen. So ging er in das schwarze Ghetto von Rochester im Bundesstaat New York, in die Viertel der Mexiko-Amerikaner in Los Angeles, nach Houston in Texas und Oakland in Ohio, um dort mit seinen Mitarbeitern Bürgerorganisationen aufzubauen. Und überall wurde er gebührend empfangen. Mal demonstrierte der rassistische Ku-Klux-Klan bei seiner Ankunft am Flughafen, mal verabschiedete der Stadtrat eine Resolution, in der er zur unerwünschten Person erklärt wurde, und auf die Medien war immer Verlass: Sie ernannten ihn zum „führenden Unruhestifter" der USA.

Es blieb nicht aus, dass er von örtlichen Sheriffs des Öfteren festgenommen und für ein paar Stunden oder Tage ins Gefängnis gesteckt wurde. Doch er hatte nichts dagegen, für eine begrenzte Zeit aus dem Verkehr gezogen zu werden. Dort habe er, so Alinsky, die Ruhe gefunden, über seine Arbeit nachzudenken und seine Ideen, Ziele und Überzeugungen zu Papier zu bringen, wozu er sonst nie gekommen wäre. Zwischen 1940 und 1945 entstand so sein erstes Buch „Reveille for Radicals". Alinsky: „Manchmal erzählte mir der Wärter, als ich gerade die Hälfte eines Kapitels geschrieben hatte, er wolle mich freilassen. Darauf meinte ich zu ihm: ‚Ich will jetzt noch nicht gehen; ich brauche noch ein paar Stunden, bis ich mit meiner Arbeit fertig bin.' Das verwirrte sie. Aber nach einer Weile hatten sie sich daran gewöhnt."

Bis zu seinem Tod im Jahre 1972 widmete sich Saul Alinsky voll der Organisationsarbeit. Ein Jahr vor seinem Tode erschien ein zweites Buch von ihm: „Rules for Radicals". Darin beschäftigte er sich nicht allein mit dem Aufbau von Bürgerorganisationen in Stadtvierteln, sondern auch mit der Frage, welche Möglichkeiten die Mittelschicht besitzt, um ihre Interessen durchzusetzen, zum Beispiel in Sachen Umweltschutz gegen Unternehmen, die für Umweltverschmutzung verantwortlich sind. Sein Leitmotiv auch hier: Wenn sich die Bürger nicht aktiv am demokratischen Leben beteiligen, dann ist das das Ende der Demokratie. Die Bürger müssen sich organisieren, nur so erhalten sie die Macht, Druck auf die Besitzenden auszuüben und über ihr Leben selbst zu bestimmen.

Wer Alinskys Schriften liest, wird feststellen, dass er kein Theoretiker sein wollte. Wer sein Leben kennt, den wird dies nicht überraschen. Er spottete über Wissenschaftler im Elfenbeinturm, zum Beispiel über die soziologische Fakultät der University of Chicago, die für eine Untersuchung, wo in der Stadt es Prostitution gebe, 100 000 Dollar auf den Kopf haue, während jeder Taxifahrer einem dies erzählen könne und keinen Cent für solche Auskünfte verlange.

Alinsky war ein Mann der Tat, wie er es nannte. Er war ein einzigartiger Organizer, der die Massen in Bewegung setzen konnte, aber dabei selbst immer im Hintergrund blieb. Wer ihm begegnet sei, so schrieb Marion K. Sanders, sei schockiert gewesen: „Weil dieser Hitzkopf ein großer, grauhaariger, stämmiger, bebrillter und altmodisch gekleideter Mann war, der weniger wie ein aktiver Revolutionär aussah, sondern eher wie ein verwirrter Philosophieprofessor."

Saul Alinsky hat sich große Verdienste um die Organisation der Bevölkerung in den Slums erworben. Die von ihm entwickelten Taktiken und Strategien haben großen Einfluss auf die schwarze Bürgerrechtsbewegung, die mexiko-amerikanische Landarbeiterbewegung und auch die Studentenbewegung in den USA gehabt.

Alinsky hat jedoch immer davor gewarnt, seine Arbeitsmethoden zu kopieren und seine Veröffentlichungen als Handbücher anzusehen, in denen man dann herumblättert, wenn man selbst nicht mehr weiterweiß: „Es gibt keine Rezepte für besondere Situationen, weil sich ein und dieselbe Situation niemals wiederholt, ebenso wenig wie sich Geschichte wiederholt."

Seine Schriften stellen eine Anleitung dar. Er formuliert Regeln und Prinzipien, die ein Organizer nie missachten darf und die er jeweils auf konkrete Situationen klug und fantasievoll anwenden muss. Die zahlreichen Beispiele, die er anführt, dienen nur der Veranschaulichung dieser Regeln und Prinzipien. Die beschriebenen Verhaltensweisen und Aktionen sind nicht so ohne Weiteres übertragbar.

In Deutschland ist bislang nicht der Versuch unternommen worden, Bürgerorganisationen aufzubauen. Das politische Leben hierzulande unterscheidet sich in einigen Punkten doch von dem in den USA. Hier gibt es eine stärkere Gewerkschaftsbewegung, sind die politischen Parteien vor Ort präsenter, ist die soziale Absicherung des Einzelnen größer, sind die ethnischen Probleme nicht in dem Maße brisant, gibt es nicht Hunderte von Kirchen und Sekten, sondern im Wesentlichen zwei Staatskirchen, um nur ein paar Dinge herauszugreifen. Ob jedoch Bürgerorganisationen deshalb hier überflüssig sind, wage ich zu bezweifeln, denn es kann in einer Demokratie nie zu viel Druck von unten auf die da oben ausgeübt werden.

Alinskys Arbeit wird in deutschen Universitäten gerne als „Gemeinwesenarbeit", als Form der Sozialarbeit angesehen. Aus seinen Organizers werden beispielsweise „Praxisberater" gemacht. Ich glaube nicht, dass diese Begriffe das treffen, was Alinsky wollte. Seine Berufsbezeichnung war, wie gesagt, Antifaschist, seine Tätigkeit bestand im Aufbau von machtvollen Massenorganisationen zur Ausübung politischen und wirtschaftlichen Drucks. Und hier können alle, die Basisarbeit leisten, von ihm lernen. Denn was Alinsky praktizierte, die Demokratie von unten, das haben wir in Deutschland bitter nötig. In diesem Land ist viel über „mehr Demokratie wagen" geredet worden. Alinsky hätte wahrscheinlich den Kopf geschüttelt: mehr Demokratie – ein Wagnis? Er hätte schon in dieser Formulierung ein fehlendes Vertrauen der Herrschenden in das Volk gesehen. Mehr Demokratie – von oben ermöglicht? Sicher, er forderte eine Regierung, die ständig auf den anhaltenden Druck ihres Volkes eingeht. Aber er wusste genau, dass die Bürger ihre Rechte selbst erkämpfen müssen, dass sie nicht darauf hoffen dürfen, dass die da oben „mehr Demokratie wagen" oder freiwillig dem Volk mehr Gehör schenken. Er war immer der Meinung, dass eine parlamentarische Demokratie verkommt, wenn der einzelne Bürger nicht wirklich am demokratischen Leben teilhat beziehungsweise von ihm ausgeschlossen wird. Und er sah es als Aufgabe der Radikalen an, das Volk zu organisieren.

Alinskys Schriften, 1946 und 1971 verfasst, haben nichts von ihrer Aktualität verloren. Im Gegenteil: Was Alinsky zu sagen hat, kann als konstruktive Infragestellung politischer Basisarbeit in der Bundesrepublik verstanden werden. In seiner erfrischenden, direkten Art vermittelt er wichtige Anregungen, gibt Anstöße, stellt Regeln und Prinzipien auf. Ein ums andere Mal verblüfft er den Leser, konfrontiert ihn: „Sie sind sicherlich auch ein typischer Herr Aber." Immer wieder beweist er seinen Humor, den er übrigens für eine wichtige Eigenschaft des Organizers hält. Und ständig hat man den Eindruck, dass er zum Leser spricht, als stünde er vor irgendeiner Versammlung und halte eine Rede, der man zuhört. Auch das ein Beweis, wie lebendig seine Schriften sind, wie er den Menschen anzusprechen und ihm nicht allein etwas zu erklären versucht, sondern es ihm im wahrsten Sinne des Wortes vor Augen führen will, sodass der berühmte Groschen fällt. Christoph Heubner fragt in seinem Gedicht „Zuspruch"*:

Wenn ich unsere verbitterten
Gesichter sehe, frage ich mich;
Haben die uns untergekriegt?

*Christoph Heubner, Nach Hause gehen – Gedichte, Bornheim-Merten 1981

Wenn ich unsere zerknitterten
Gesichter sehe, frage ich mich:
Haben wir gar nichts zu lachen?

Ich meine, wir sollten den Zuspruch annehmen, uns von Alinsky inspirieren lassen. Das politische Leben in unserem Lande kann dadurch nur gewinnen, unsere Demokratie nur gestärkt werden. Saul Alinsky schrieb am Ende des Vorworts zu seinem letzten Buch „Rules for Radicals": „Ich grüße die gegenwärtige Generation. Bewahrt euch eine der schönsten Seiten der Jugend, das Lachen! Verliert es nicht, wie es manche von euch schon getan haben, ihr werdet es brauchen! Zusammen werden wir vielleicht einiges von dem erreichen, was wir suchen: Lachen, Schönheit, Liebe und die Möglichkeit, etwas zu erschaffen."

Aus Alinskys Büchern „Reveille for Radicals" und „Rules for Radicals" habe ich die meiner Meinung nach wichtigsten Beiträge zusammengestellt und übersetzt. (Beide Bücher sind bereits einmal in der Bundesrepublik in den siebziger Jahren veröffentlicht worden unter den Titeln „Leidenschaft für den Nächsten" und „Stunde der Radikalen". Es war jedoch nicht möglich, sie in dieser Form neu aufzulegen.) Ich hoffe, „Anleitung zum Mächtigsein" stellt eine gute Auswahl von Alinskys Schriften dar, und wünsche mir, dass sie hierzulande – wie schon in den Vereinigten Staaten – zu einem „Leitfaden für Radikale" („Chicago Daily News") werden, die eine für unsere Gesellschaft heilsame Unruhe stiften.

Karl-Klaus Rabe
Lamuv Verlag

1984

Organizing
Die Haltung

DER KONFLIKT IST DER KERN
EINER FREIEN UND OFFENEN GESELLSCHAFT
ALINSKY RULEZ

Mögen Sie Menschen? Die meisten behaupten, sie mögen Menschen, mit ein „paar Ausnahmen", natürlich. Wenn man diese Ausnahmen zusammenzählt, wird deutlich, dass die meisten Leute nur wenige Menschen mögen, nämlich ihresgleichen, und sie kümmern sich eigentlich nicht um die „anderen" Leute, oder sie verabscheuen sie sogar.

Sie sind ein weißer, in den USA geborener Protestant. Mögen Sie Menschen? Sie mögen Ihre Familie, Ihre Freunde, einige Ihrer Arbeitskollegen (aber nicht zu viele von ihnen) und einige Ihrer Nachbarn. Mögen Sie Katholiken, Iren, Italiener, Juden, Polen, Mexikaner, Schwarze, Puertoricaner und Chinesen? Empfinden Sie für diese Mitmenschen Sympathien, oder begegnen Sie ihnen mit kalter Verachtung und Ausdrücken wie Papisten, Micks, Itaker, Itzigs, Hunkies, Schmierer, Nigger, Spics und Schlitzaugen? Sollten Sie zu diesen Leuten gehören, die über andere Menschen so reden, dann mögen Sie keine Menschen.

Sie mögen dem widersprechen und sagen, dass sie nicht in diese Kategorie fallen. Sie bezeichnen die Menschen nicht mit derartigen Ausdrücken. Sie glauben, wirklich tolerant zu sein. Sie sind aufgeschlossen und respektieren andere Menschen, wenn sie wissen, wo sie hingehören – und dieser Ort ist nicht gerade nah an Ihrer Anteilnahme. Sie glauben, Sie sind wirklich tolerant. Höchstwahrscheinlich sind Sie ein ausgezeichneter

Vertreter dieser großen amerikanischen Klasse der Mr. But, der Herren Aber. Sind Sie Herrn Aber noch nie begegnet? Sicherlich haben Sie ihn schon mal getroffen, bei einem Geschäftsessen, bei einer Vereinsversammlung, bei politischen Kundgebungen, und wahrscheinlich begrüßt er Sie jeden Morgen, wenn Sie in den Badezimmerspiegel schauen.

Herr Aber ist aufgeschlossen, praktisch veranlagt und stolz, ein Christ zu sein. Sie haben ihn oftmals reden hören, wie Sie sich selbst schon oft haben reden hören. Was sagt er? Hören Sie dem großen US-Amerikaner zu. Herr Aber:

„Nun, keiner kann sagen, dass ich nicht ein Freund der Mexikaner bin oder dass ich Vorurteile habe, aber …", „Niemand kann sagen, dass ich ein Antisemit bin. Warum, meine besten Freunde sind Juden, aber …", „Sicher hält mich niemand für einen Reaktionär, aber …", „Ich glaube, keiner im Raum empfindet mehr Sympathien für die Schwarzen als ich. Immer habe ich eine gewisse Zahl von ihnen beschäftigt, aber …", „Es ist völlig in Ordnung, dass man für diese Leute gleiche Arbeitsbedingungen schafft, schließlich sind wir doch alle Amerikaner, aber …", „Jeder weiß, dass ich der Erste bin, der gegen Ungerechtigkeiten kämpft, aber …", „Gewerkschaften sind wichtig, aber …", „Natürlich bin ich dafür, dass alle Amerikaner das Recht besitzen, überall dort zu leben, wo sie wollen, ganz gleich, welcher Rasse, Hautfarbe oder Abstammung sie sind, aber …"

Sie sind sicherlich ein typischer Herr Aber. Sie reißen „tolerante" Witze hinter dem Rücken Ihrer Mitmenschen über ihre Kleidung, ihr Aussehen, ihre Sprache, ihre Gewohnheiten und ihre Namen. Sie betrachten sich selbst als tolerant, und mit diesem einen Adjektiv charakterisieren Sie sich äußerst genau. In Wahrheit mögen Sie die Menschen nicht, Sie tolerieren sie. Sie sind sehr tolerant, Herr Aber. Sie verlassen ein Arbeitsessen, bei dem Sie neben einem Schwarzen gesessen und mit ihm geredet haben (und werden Ihren Freunden davon monatelang erzählen). Sie sind so überflutet und erfüllt von Ihrer eigenen Güte, dass Sie, wäre der Gedanke der Vater der Tat, mit Ihren neuen Engelsflügeln sofort abheben würden. (…)

Es gab wenige, aber es wird mehr geben, die Menschen wirklich mögen, die Menschen lieben – alle Menschen. Sie waren menschliche Fackeln, die die Herzen der Menschen in Flammen setzten, sodass sie leidenschaftlich für die Rechte ihrer Mitmenschen kämpften, aller Menschen. Sie wurden gehasst, gefürchtet und als Radikale gebrandmarkt. Sie trugen das Wort Radikale als Ehrenauszeichnung. Sie kämpften für das Recht des Menschen auf Selbstbestimmung, für das Recht des Menschen, als freier Mensch aufrecht zu gehen und nicht vor Königen zu kriechen. Sie kämpften für die Bill of Rights, für die Abschaffung der Sklaverei, für öffentliche Schulen und für alles Anständige und Lohnende. Sie liebten die Menschen und kämpften für sie. Das Leid ihres Nachbarn war ihr Leid. Sie handelten nach ihrem Glauben. (…)

Wer ist ein US-amerikanischer Radikaler? Der Radikale ist diese großartige Person, die wirklich glaubt, was sie sagt. Er ist eine Person, für die das Allgemeinwohl der höchste persönliche Wert ist. Der Radikale identifiziert sich so sehr mit der Menschheit, dass er die Schmerzen, die Ungerechtigkeiten und das Leiden aller seiner Mitmenschen teilt.

Für den Radikalen schlägt die Stunde immer, und jeder Kampf seiner Mitmenschen ist sein Kampf.

Der Radikale lässt sich nicht durch Parolen und Äußerlichkeiten narren. Er sieht den Problemen ins Auge und versteckt sich nicht wie ein Feigling unter dem bequemen Deckmantel verschleiernder Argumente. Der Radikale weigert sich, sich durch oberflächliche Probleme ablenken zu lassen. Er beschäftigt sich einzig und allein mit grundlegenden Ursachen statt mit gerade stattfindenden Demonstrationen. Sein Angriff konzentriert sich auf den Kern des Problems.

Was will der Radikale? Er will eine Welt, in der der Wert des Einzelnen Beachtung findet. Er will eine Gesellschaft schaffen, in der alle Fähigkeiten des Menschen ausgeschöpft werden können, eine Welt, in der der Mensch in Würde, Sicherheit, Glück und Frieden leben kann – eine Welt, die auf der Moral der Menschheit basiert.

Um diese Ziele zu erreichen, kämpfen die Radikalen um die Beseitigung aller Missstände, die die Menschheit im Sumpf des Krieges, der Ängste, der Nöte und der Entmutigung gefangen halten. Der Radikale sorgt sich nicht nur um das wirtschaftliche Wohlergehen des einzelnen Menschen, sondern um die Freiheit seines Geistes. Aus diesem Grund bekämpft er die Teile eines jeden Systems, die den Menschen zu einem Roboter machen könnten. Deshalb leistet er Widerstand gegen alles, was die Seelen der Menschen zerstören und sie zu ängstlichen, unterwürfigen, sorgenvollen und betrübten Schafen in Menschengestalt machen könnte. Der Radikale hat sich der Zerstörung der Wurzeln aller Ängste, Enttäuschungen und Unsicherheiten verschrieben, seien sie nun materieller oder psychischer Art. Der Radikale will den Menschen wirklich frei sehen. Nicht nur wirtschaftlich und politisch, sondern auch sozial. Wenn der Radikale von völliger Freiheit spricht, dann meint er das.

Der Radikale ist überzeugt, dass alle Menschen in Bezug auf Nahrung, Wohnung und Gesundheit einen hohen Standard erlangen sollten. Der Radikale ist ungehalten über das Gerede von Grenzen, die man sich setzen sollte. Ihn interessiert nur der Mensch, dessen Möglichkeiten so unbegrenzt wie der Horizont sind. Der Radikale ist von den Möglichkeiten des Menschen zutiefst überzeugt und hofft leidenschaftlich auf die Zukunft.

Der Radikale stellt die Menschenrechte weit über die Eigentumsrechte. Er ist für ein allgemeines, freies und öffentliches Erziehungssystem und betrachtet dies als grundlegend für ein demokratisches Leben. (...) Er kämpft für individuelle Rechte und gegen Machtkonzentration. (...) Der Radikale ist stark interessiert an Sozialplanung, ist aber gleichzeitig misstrauisch und ablehnend gegenüber möglichen Planungen, die von oben nach unten funktionieren. Demokratie funktioniert für ihn von unten nach oben.

Der Radikale ist ein erbitterter Verfechter von Minderheitenrechten, wird aber jede Minderheit bekämpfen, die mit der Keule der Minderheitenrechte versucht, den Willen der Mehrheit bewusstlos zu prügeln. (...)

Der Radikale glaubt an die Verwirklichung der Chancengleichheit für alle Menschen, ungeachtet ihrer Rasse, ihrer Hautfarbe oder Abstammung. Er fordert Vollbeschäftigung zur wirtschaftlichen Absicherung, aber er besteht darauf, dass die Arbeit des Menschen ihm nicht allein eine wirtschaftliche Sicherheit bietet, sondern dass sie auch die kreativen Wünsche eines jeden befriedigt. Der Radikale sieht die Wichtigkeit eines Jobs nicht allein im persönlichen Einkommen, sondern auch in seiner allgemeinen sozialen Bedeutung. Der Radikale weiß, dass der Mensch nicht nur ein ökonomisches Wesen ist. Der ganze Mensch ist jemand, der einen bestimmten Beitrag zum allgemeinen sozialen Wohlergehen leistet und ein wichtiger Teil der Gemeinschaft der Interessen, Werte und Ziele ist, die das menschliche Leben bedeutungsvoll machen. Der ganze Mensch braucht eine ganze Arbeit – eine Arbeit für Herz und Hand –, eine Arbeit, bei der er sich sagen kann: „Was ich tue, ist wichtig und hat seinen Stellenwert."

Der Radikale in den USA kämpft gegen Privilegien und Macht, ob sie nun von einer kleinen Gruppe ererbt oder erworben worden sind, ob sie nun politischer oder finanzieller oder organisatorischer Art sind. Er verdammt das Kastensystem und ist sich bewusst, dass es, allen gegenteiligen Beteuerungen zum Trotz, existiert. Er wird die Reaktionäre bekämpfen, ob sie nun Wirtschafts- oder Gewerkschaftsführer sind. Er wird jede Machtkonzentration bekämpfen, die der Feind einer Beteiligungsdemokratie ist, ob er sie nun in Finanzkreisen oder in der Politik antrifft.

Der Radikale erkennt, dass der ständige Streit und Konflikt immer das Feuer unter dem Dampfkessel der Demokratie gewesen ist. Er ist fest von dem tapferen Wort eines tapferen Volkes überzeugt: „Lieber auf den Füßen stehend sterben als auf den Knien leben!“ Der Radikale mag das Schwert ergreifen, aber sollte er dies tun, ist er nicht von Hass gegen die Individuen erfüllt, die er angreift. Er hasst diese Individuen nicht als Personen, sondern als Symbole der Ideen oder Interessen, von denen er glaubt, sie seien für das Wohl der Allgemeinheit schädlich. Das ist der Grund, warum sich Radikale zwar häufig an Revolutionen beteiligt haben, aber selten Zuflucht zu persönlichen Terrorakten gesucht haben.

Der Radikale mag der Öffentlichkeit als gewalttätige Person erscheinen. Wenn sich Radikale jedoch äußerlich stürmisch und kämpferisch zeigen, so besitzen sie andererseits eine innere Größe. Diese Größe kommt nur von der Konsequenz ihres Gewissens und Verhaltens. Der erste Teil des Gebets von Franz von Assisi drückt die Hoffnungen, Bestrebungen, Träume und Anschauungen des Radikalen ziemlich deutlich aus: „O Herr, mache mich zu einem Werkzeug deines Friedens, dass ich Liebe übe, wo man sich hasst, dass ich verzeihe, wo man sich beleidigt, dass ich verbinde, wo Streit ist, dass ich Hoffnungen wecke, wo Verzweiflung quält, dass ich ein Licht anzünde, wo die Finsternis regiert, dass ich Freude bringe, wo der Kummer wohnt.“

Niemand, der seine Mitmenschen erbarmungslos ausbeutet, sollte aus der Erhabenheit und geistigen Güte der Hoffnungen des Radikalen schließen, dass dieser nicht für die Verwirklichung des Gedichtes eintreten wird, denn neben diesem Gebet trägt er auch noch die Worte Jehovas bei sich: „Wenn ich mein funkelndes Schwert wetze und Gericht halte, werde ich mich an meinen Feinden rächen, und diejenigen, die mich hassen, werde ich bestrafen. Meine Pfeile werden trunken sein von Blut, und mein Schwert wird das Fleisch verschlingen und das Blut der Erschlagenen und Gefangenen und die zermalmten Köpfe der Feinde.“ (...)

Ich habe von den Zielen und Idealen eines perfekten Radikalen gesprochen. Vollkommenheit lässt sich unter Menschen kaum erreichen, aber diese Ziele und Ideale sind ein Wegweiser zu einem Fernziel. Wir dürfen nicht vergessen, dass es fast unmöglich ist, einen vollkommenen Christen oder Juden zu finden. Genauso unmöglich ist es, einen Radikalen zu finden, der alldem gerecht wird. Menschen sind nicht völlig gut oder völlig böse, weder Engel noch Teufel. In der Geschichte der Menschheit gibt es nur wenige, deren Gedanken und Handlungen sie aus der Masse herausheben. Dann sind da jene, die fast ihr gesamtes irdisches Leben in der Finsternis zugebracht haben, aber für eine kurze Zeit, für einen Monat oder ein paar Jahre, das Licht erblickten und alles in einer Aktion oder einer Tat riskierten, die zweifellos radikal war. Diese Männer und Frauen sind in unserem Sinne radikal.

Nur ein Perfektionist würde allein den radikal nennen, der sein ganzes Leben lang konsequent radikal gewesen ist. Nach dem Radikalen zu forschen, der in allen Belangen radikal ist, hieße, nach der vollendeten Reinheit zu suchen. (...)

Die Chinesen schreiben das Wort „Krise" mit zwei Schriftzeichen. Das eine bedeutet „Gefahr" und das andere „günstige Gelegenheit". Zusammen ergeben sie „Krise".

Gefahr …

Die Gefahr ist die Furcht vor der Zukunft. Wir stehen dem Unbekannten gegenüber. Der Mensch hat immer unerschrocken den größten Gefahren und Übeln, die er kennt, ins Auge gesehen und die Situation gemeistert, aber er wird vor dem Unbekannten verunsichert, verwirrt und in tiefer Furcht zurückweichen. Ob wir es mögen oder nicht, ob wir uns bewusst entscheiden, es anzuerkennen oder nicht, die Welt ist in immer stärkerem Maße gewaltsamen revolutionären Umwälzungen ausgesetzt. Die Welt, wie wir sie gestern noch kannten, ist tot, als wäre sie vor einem Jahrhundert gestorben. Zwar erhalten sich gewisse Formen und Dinge aus der Welt von gestern, wie wir wissen, aber sie sind nichts als Geister der Vergangenheit, die von selbst schließlich aus dem Gedächtnis verschwinden und die wir Geschichte nennen.

Viele Menschen sehnen sich trotzdem zu dem zurück, was gewesen ist. Sie sehnen sich nach der Vergangenheit mit all ihren Irrtümern, weil sie mit ihr vertraut sind. Die Angst, unbeirrt nach vorn zu blicken und aufrichtig nach den Möglichkeiten zu suchen, die sich uns bieten, ist tatsächlich einer der wichtigsten Faktoren bei der Entstehung der Krise. Die Angst der Masse, die vor ihr liegende Dunkelheit zu durchdringen, lässt uns in Unentschlossenheit und Elend erstarren. So lange wir uns der Zukunft nicht stellen und sie nicht so weit wie möglich erforschen, werden wir nicht nur machtlos bei der Gestaltung unseres eigenen Schicksals sein, sondern auch unfähig, neue Möglichkeiten zu erkennen und auszunutzen. Wenn wir nicht ständig in die Zukunft spähen, werden wir die vielen Möglichkeiten nicht sehen, die sie uns bietet; wir werden es versäumen, sie zu ergreifen, und alles wird in einer Tragödie enden. Wir werden unsere größte Chance verpassen, unsere einzige Chance, wenn wir weiterhin nach hinten blicken anstatt nach vorne. Nach der Vergangenheit zu jagen heißt, nach einer Fata Morgana zu suchen. Die Vergangenheit ist tot, und die Menschen können nicht als Geister weitermachen. Wir können jedoch das Licht der Zukunft nicht erkennen, wenn wir absichtlich unsere Augen schließen und unsere Köpfe abwenden.

Wir wollen das Unbekannte betrachten, um festzustellen, wie unbekannt es ist. Lasst uns sehen, über welche Waffen wir verfügen, um der Herausforderung, die vor uns liegt, zu begegnen. Wissen und Voraussicht sind unter unseren unschätzbaren Waffen; deshalb lasst uns herausfinden, was wir wissen.

Wir wissen über die zerstörerischen Waffen des Atomzeitalters, dass wir entweder dem Krieg für immer ein Ende setzen werden oder er uns für immer ein Ende setzen wird.

Wir wissen von allem über uns, dass die demokratische Lebensform der gangbarste Weg für den Menschen ist, die Schranken zwischen sich und seinen Hoffnungen auf die Zukunft niederzureißen.

Wir wissen, dass bis heute die meisten unserer Schmerzen, Enttäuschungen, Niederlagen und Fehler auf den Gebrauch eines unzulänglichen Instruments zurückzuführen sind: die einseitige Demokratie.

Wir wissen, dass die Verwirrung und die inneren Konflikte, die in den Menschen toben, zu den größten Hindernissen bei der Lösung der Menschheitsprobleme gehören. Es ist die enorme Diskrepanz zwischen unseren moralischen Grundsätzen und unseren Verhaltensweisen. Es ist das menschliche Dilemma, das ständig einen Schatten der Schuld über die edelsten Bemühungen des Menschen wirft. Es nagt an unserem Lebensnerv und treibt uns in die Irrationalität.

Wir wissen, dass der Mensch den Glauben an sich selbst finden muss – an seine Mitmenschen und an seine Zukunft.

Wir wissen, dass schon die kleinste Ungerechtigkeit böswillig ist und sich weltweit ausbreitet, wenn ihr nicht sofort Einhalt geboten wird.

Wir wissen, dass der Mensch aufhören muss, das Goldene Kalb und das Monster des Materialismus anzubeten. Wir sind an dem Punkt angelangt, wo der Mensch geistige Werte besitzen muss, wenn er physisch überleben will.

Wir wissen, dass wir uns mit den wichtigsten Ursachen beschäftigen müssen und nicht mit Endergebnissen.

Wir wissen, dass wir uns mit den Verpflichtungen der Menschheit ebenso auseinandersetzen müssen wie mit ihren Rechten. Wir müssen erkennen, dass die Menschen ihre Verpflichtungen gegenüber ihren Mitmenschen und der Gesellschaft dann übernehmen, wenn sie das Gefühl haben, dass sie tatsächlich ein Teil der Gesellschaft sind, und die Gesellschaft so viel für sie bedeutet, dass sie sich wirklich verpflichtet fühlen oder Verpflichtungen besitzen.

Die Welt ist überflutet mit Allheilmitteln, Formeln, Gesetzesvorschlägen, Maschinerien, Auswegen und Tausenden von Lösungen. Es ist bezeichnend und tragisch, dass sich fast alle der vorgeschlagenen Pläne und vermeintlichen Lösungen mit der Gesellschaftsordnung beschäftigen, aber keine das Wesentliche berücksichtigt: die Menschen. Und das trotz der ewigen Wahrheit des demokratischen Grundsatzes, dass die Lösung immer bei den Menschen selbst zu finden ist.

Wir können jedes unserer Probleme betrachten. Wir haben gesagt, dass wir dem Krieg ein Ende setzen müssen, sonst bereitet uns der Krieg mit Sicherheit ein Ende. Es ist einleuchtend, dass es dann keinen Krieg mehr geben wird, wenn die Bevölkerung der Welt frei ist, informiert, wenn sie an allem vollen Anteil nimmt, wenn sie zusammenarbeitet, ihre eigenen Probleme und die ihrer Mitmenschen versteht, wenn sie sich der einfachen Wahrheit bewusst ist, dass ihr eigenes Wohlergehen ein Bestandteil des Wohlergehens aller anderen ist, wenn sie fest an sich und ihre Mitmenschen glaubt und sich den Idealen menschlicher Anständigkeit verpflichtet fühlt.

Wenn wir andererseits unsere gesamte Aufmerksamkeit strukturellen Problemen widmen, fallen wir der alten Täuschung anheim, dass Gesetze Menschen prägen und nicht die Menschen die Gesetze machen. Ein deutliches Beispiel für diese Art trügerischen, unrealistischen, sogenannten Denkens ist die katastrophale Erfahrung, die die USA mit dem nutzlosen Versuch gemacht haben, den Genuss von Alkohol gesetzlich zu verbieten, was den Wünschen der großen Mehrheit der US-Bürger widersprach.

Dies also ist die Gefahr, die uns droht, wenn wir der Krise ins Auge blicken.

… und günstige Gelegenheit

So klar sich die Gefahr zeigt, so deutlich präsentiert sich die günstige Gelegenheit selbst. Sie ist eine der vielen Möglichkeiten, die der Menschheit gegeben worden sind, um zu erkennen, dass die Hoffnung auf das zukünftige Leben darin besteht, für das Wesentliche der Welt zu arbeiten – nämlich für die Menschen, anstatt sich weiterhin auf die Strukturen zu konzentrieren. Das Wesentliche der Gesellschaft findet man nicht in ein paar verstreuten, erlesenen Universitätsseminaren, sondern bei den gewaltigen Massen kämpfender, schwitzender Männer und Frauen, die die Milliarden von Menschen auf der Welt ausmachen.

Unser gesamtes Streben muss auf die Arbeit mit den Menschen ausgerichtet sein, nicht nur um die Lösung zu finden, sondern um überhaupt zu gewährleisten, dass es eine Lösung geben wird. Die Möglichkeit, mit den Menschen zu arbeiten, bedeutet die Erfüllung des Menschheitstraumes. Es ist die Gelegenheit für ein Leben in Frieden, Glück, Sicherheit, Würde und mit Erfolg. Die Gelegenheit, eine Welt zu schaffen, in der das Leben so wertvoll, lebenswert und bedeutungsvoll ist, dass die Menschen nicht andere Menschen umbringen, nicht andere Menschen ausbeuten, sei es nun wirtschaftlich, politisch oder sozial, in der es soziale Werte und nicht selbstsüchtige geben wird, in der der Mensch nicht als Christ oder Nicht-Christ beurteilt wird, als schwarz, gelb oder weiß, als reich oder arm, sondern als Mensch. Eine Welt, in der das Verhalten des Menschen seine ethischen Lehrsätze einholt und in der er völlig das Leben führen wird, das dem entspricht, was er verkündet. Eine Welt, in der der Mensch wirklich als Ebenbild Gottes angesehen und behandelt wird, in der „alle Menschen gleich geschaffen sind". Das ist die Möglichkeit. Können wir sie ungenutzt lassen?

Wenn wir unsere Aufmerksamkeit den Menschen zuwenden, sind wir mit einem Problem konfrontiert. Dieses Problem ist so tiefgreifend, so grundsätzlich, so stark, dass es alle anderen Probleme, die wir für die Gebrechen der Menschheit halten, übersteigt. Diesem einen Problem müssen wir jedes Quentchen unserer Kraft, unseres Glaubens und unserer Hoffnung widmen. Dies ist die Aufgabe, die vor uns liegt! Und zwar schon seit undenklichen Zeiten. Es geht um das Erwachen der Menschen aus der bodenlosen Apathie, die aus dem Verfall und Zusammenbruch eines Großteils unserer wenigen Ideale erwuchs, an die sich die Menschheit so verzweifelt geklammert hatte.

Was ist das für eine Apathie, die den US-Bürger John Smith so stark infiziert hat, dass er in äußerster Enttäuschung, Verzweiflung und Hoffnungslosigkeit das Leben gegen das bloße Dasein eintauscht? Lasst uns für einen Moment unsere Augen vom riesigen, überwältigenden Bild der Massen abwenden und uns diesen John Smith ansehen. Lasst uns den grundlegenden Irrtum vermeiden, der bei den allermeisten Untersuchungen über die Menschheit begangen wird, die zwar mit Statistiken und Beschreibungen von allem Möglichen voll sind, dabei aber den Menschen vergessen, das menschliche Wesen, eben diesen John Smith.

Wie viele Menschen haben sich jemals über das Leben des durchschnittlichen US-Arbeiters Gedanken gemacht? Nicht über das Leben, das er führt, wenn er arbeitslos ist, sondern über das, wenn er arbeitet. Es ist ein einfaches Leben. Er steht am Montagmorgen auf und nimmt seinen Platz am Fließband ein. Er arbeitet am Fließband und wiederholt schier endlos immer wieder bestimmte festgelegte Handgriffe. Am Ende der Woche verlässt er die Hölle der Eintönigkeit mit seiner Lohntüte und geht nach Hause, in die zweite Runde der Monotonie. Er schaut sich vielleicht ein Fußballspiel an. Vielleicht geht er abends ins Kino oder sitzt mit einigen Freunden herum und spielt Karten. Am Sonntagmorgen weckt ihn seine Frau zum Kirchgang. Nachmittags mag er Freunde hier und dort besuchen oder herumsitzen, Fernsehen gucken, ein Bierchen trinken, und dann geht er ins Bett. Am Montagmorgen steht er wieder am Fließband. Auf diese Weise verläuft sein Leben mit gewissen Veränderungen im Laufe der Jahre, und er fragt sich, was er und seine Familie im Alter tun werden. Während der ganzen Zeit häufen sich die Krankheiten und die Arztrechnungen. Seine Familie vergrößert sich ständig mit all den daraus resultierenden finanziellen Sorgen. Das ist im Ganzen gesehen sein Leben. Eine Routine, in der er verkommt. Seine Aussichten sind so trostlos, öde und grau, wie man sie sich nur vorstellen kann. Nichts Dramatisches, nichts Aufregendes, nichts Hoffnungsvolles, keine Erfüllung irgendwelcher Wünsche außer in seinen Träumen. Kurz, eine Zukunft von äußerster Verzweiflung. (…)

Warum solch eine Zukunft? Warum muss das Leben so öde und abgestumpft sein, dass es aufhört, wirkliches Leben zu sein, und zur bloßen physischen Existenz wird – man nicht Leib und Seele zusammenhält, sondern nur noch versucht, den Körper zusammenzuhalten? Hätte der gewöhnliche Mensch eine Möglichkeit zu erfahren, dass er Herr seiner eigenen Bestrebungen sein kann, dass er die Zukunft wie die Gegenwart mitgestalten kann, dass er zu einem gewissen Grad an seinem Schicksal etwas ändern kann, dass es einen Traum gibt, für den er kämpfen kann, dann wäre das Leben wunderbar.

In unserer modernen verstädterten Gesellschaft sind viele Menschen zur Anonymität verdammt – zu einem Leben, bei dem die meisten weder ihre eigenen Nachbarn kennen noch sich um sie kümmern. Sie sind vom Leben in ihrem Stadtteil und in ihrem Land isoliert, von sozialen Kräften, die sie nicht kontrollieren, in kleine individuelle Welten gedrängt worden, in denen individuelle Ziele Vorrang vor dem Allgemeinwohl haben. Gesellschaftliche Ziele, das Allgemeinwohl, das Wohl der Nation, die demokratische Lebensweise, alles das ist zu nebulösen, bedeutungslosen, leeren Phrasen geworden.

Diese Anonymität in den Städten, die Trennung des einzelnen vom allgemeinen sozialen Leben nagt an den Fundamenten der Demokratie. Denn obwohl wir uns als Bürger einer Demokratie verstehen und alle vier Jahre wählen, glauben Millionen unserer Mitmenschen im Innersten ihres Herzens, dass sie keinen Stellenwert besitzen, dass sie nicht zählen. Sie besitzen keine eigene Stimme, keine eigene Organisation, die sie vertritt (und in der sie mehr als nur Mitglied sind), sie finden keinen Weg, um mit ihren Händen und Köpfen ihr eigenes Schicksal zu gestalten. (…)

Wir leben in einer Industriegesellschaft. Sie hat uns unzählige materielle Vorteile gebracht. Sie sorgte für soziale Aufklärung, einen höheren Lebensstandard, eine große Ausweitung des Bildungsangebots und kultureller Möglichkeiten. Neben diesen Vorteilen sind jedoch derart bedrohliche Kräfte erwachsen, dass sie genau die Fundamente angreifen, auf denen die Hoffnungen derer ruhen, die sich der demokratischen Lebensweise verschrieben haben. Diese zerstörerischen Kräfte sind Arbeitslosigkeit, Korruption, Krankheit und Kriminalität. Durch die Verwüstung dieser Kräfte brechen Misstrauen, Engstirnigkeit, Unordnung und Demoralisierung hervor. Dies alles sind bedeutende Anzeichen für eine rasch anwachsende Krise der Verwirrung in unserem demokratischen Leben. Wir müssen dieser Herausforderung realistisch begegnen und ihr gerecht werden, wollen wir die Zukunft der Demokratie sichern.

Nirgendwo werden die Zwänge, Spannungen und Konflikte der modernen Industriegesellschaft auf so dramatische Weise deutlich wie im eigentlichen Herzen dieser Zivilisation, den Stadtteilen. Hier schwitzen und kämpfen und leiden die Menschen. Hier umarmen verkommene Wohnungen und Behausungen ihre Körper und ihren Geist in einem Kreis des Verfalls. Hier hungern die Menschen nach Arbeit und dem Recht auf Leben, um aus dem Sumpf der Demoralisierung zu entkommen, der sie umgibt. Hier vergreifen sich entmutigte, verbitterte, tödlich gequälte Menschen an ihren Mitmenschen mit der blinden Wut des Vorurteils und des Hasses. Hier sind die Auseinandersetzungen zwischen Kapital und Arbeit keine „interessanten Themen“ kontroverser Diskussionen geworden, sondern rauer, bitterer, blutiger Konflikt – der Kampf ums Leben. Hier zeigen sich unsere grundlegenden Probleme in ihrer ganzen hässlichen Nacktheit. Diese warnenden Signale aus dem Herzen unserer Industriegesellschaft können und dürfen wir nicht ignorieren oder ihnen ausweichen.

In diesen Stadtvierteln leben die Menschen wie in allen anderen Gebieten in Nachbarschaften zusammen. Dort bringen sie in einer demokratischen Gesellschaft ihre Wünsche und Forderungen durch eigene Organisationen zum Ausdruck. (…) Die Bevölkerung ist der Motor, die Organisationen der Menschen sind das Getriebe. Die Macht des Volkes wird durch das Getriebe ihrer eigenen Organisationen übertragen, und die Demokratie bewegt sich vorwärts.

Unter eigenen Organisationen verstehen wir solche, in denen die Bevölkerung mitmacht, die ihr gehören und durch die sie ihren Interessen, Hoffnungen, Gefühlen und Träumen Ausdruck verleiht. Es handelt sich um Organisationen, die wirklich vom Volk ausgehen, vom Volk getragen werden und für das Volk bestimmt sind, Organisationen, die durch ihren Charakter eine dynamische demokratische Philosophie darlegen und artikulieren. Weil es selbstverständlich ist, dass Unorganisierte nicht als Einheit handeln können, ist es genauso selbstverständlich, dass Menschen keine allgemeingültige Philosophie formulieren können für die vielen unterschiedlichen Gesinnungen, Traditionen und Empfindungen, solange sie nicht zusammenfinden und durch einen Prozess der gegenseitigen Beeinflussung eine für alle vertretbare Philosophie erreichen.

Es leuchtet ein, dass die Existenz solcher Organisationen für das Funktionieren der Demokratie lebenswichtig ist, denn ohne sie fehlt uns die Triebkraft zur Entwicklung der demokratischen Lebensweise. (…)

Demokratie ist eine Lebensweise und keine Formel, die man in Gelee konserviert. Demokratie ist ein Prozess, eine pulsierende, lebendige Bewegung der Hoffnungen und des Fortschritts, die ständig die Verwirklichung der Ziele im Leben anstrebt: die Suche nach Wahrheit, Gerechtigkeit und Menschenwürde. Es gibt keine Demokratie, solange sie nicht dynamisch ist. Wenn die Menschen nicht länger für einen Platz an der Sonne eintreten, werden wir alle in der Dunkelheit der Dekadenz verwelken. Wir werden alle zu stummen, enttäuschten, verlorenen Seelen.

Die Leidenschaften der Menschheit sind in allen Bereichen des politischen Lebens spürbar, einschließlich des Vokabulars. Die gängigsten politischen Ausdrücke sind mit dem Makel menschlicher Schmerzen, Hoffnungen und Enttäuschungen behaftet. Sie sind in den Augen der Öffentlichkeit alle mit Schmach belastet, und ihr Gebrauch führt zu negativen emotionalen Reaktionen. Selbst das Wort Politik, das im Lexikon als „die Wissenschaft und Kunst der Staatsführung" definiert wird, wird gemeinhin im Zusammenhang mit Korruption gesehen. Ironischerweise sind die sinnverwandten Begriffe im Wörterbuch „besonnen", „umsichtig", „diplomatisch" und „weise".

Ebendieser Verlust an Farbe betrifft auch andere in der Sprache der Politik vorherrschende Wörter wie „Macht", „Eigeninteresse", „Kompromiss" und „Konflikt". Sie sind verdreht und verfälscht worden, gelten als böse. Nirgendwo ist das vorherrschende politische Analphabetentum deutlicher geworden als in den typischen Interpretationen dieser Wörter. Deshalb halten wir ein, um ein Wort über Wörter zu verlieren.

CALL ME
A RADICAL
ALINSKY
RULEZ

„Macht“

Es stellt sich die berechtigte Frage, warum wir nicht andere Wörter gebrauchen – Wörter, die das Gleiche meinen, aber friedvoller sind und nicht zu solch negativen Reaktionen führen. Es gibt eine Reihe von wichtigen Gründen für die Ablehnung solcher Ersatzwörter. Durch Wortkombinationen wie „Nutzbarmachung der Kräfte“ statt dieses einzelnen Wortes „Macht“ beginnen wir die Bedeutung abzuschwächen, und sobald wir abgeklärte sinnverwandte Begriffe benutzen, verschwinden die Bitterkeit, die Pein, der Hass und die Liebe, die Schmerzen und der Triumph, die mit diesen Wörtern verbunden sind, und wir hinterlassen eine sterile Imitation des Lebens. In der Politik des Lebens haben wir es mit Sklaven und Cäsaren zu tun, nicht mit unberührten Jungfrauen. Und es geht nicht nur um das: In unseren Gesprächen und Überlegungen müssen wir uns immer um Einfachheit bemühen. (…) Mehr noch: Es ist die wichtigste Aufgabe, keinen Umweg um die Realität zu machen.

Ein anderes Wort als „Macht“ zu gebrauchen heißt, die Bedeutung von allem, worüber wir reden, zu ändern. Wie sagte doch Mark Twain einmal: „Der Unterschied zwischen dem richtigen Wort und dem fast richtigen Wort ist der Unterschied zwischen der Erleuchtung und einem Glühwürmchen.“

„Macht“ ist das richtige Wort genauso wie „Eigeninteresse“, „Kompromiss“ und die anderen einfachen Wörter der Politik, denn sie machen Politik begreifbar und sind von Anfang an zu einem Teil von ihr geworden. Diejenigen, die diese direkte Sprache nicht verstehen und auf Schonkost angewiesen sind, verschwenden ihre Zeit. Sie können und werden mit Sicherheit nicht das verstehen, was wir hier erörtern. (…)

Wir erreichen einen kritischen Punkt, wenn unsere Zungen unseren Überlegungen eine Falle stellen. Ich will mich nicht auf Kosten der Wahrheit durch Takt reinlegen lassen. Indem wir die Kraft, die Vitalität und die Einfachheit des Wortes „Macht" zu vermeiden suchen, entwickeln wir bald eine Abneigung gegen lebendiges, einfaches, ehrliches Denken. Wir bemühen uns, sterile Begriffe zu erfinden, die frei sind von dem üblen Beigeschmack des Wortes „Macht" – aber die neuen Wörter bedeuten etwas anderes, sodass sie uns betäuben, unsere Gedanken vom eigentlich Wichtigen wegführen, den konfliktreichen, grimmigen und realistischen machtbestimmten Bahnen des Lebens. Wer den süßer riechenden, friedvollen, gesellschaftlich mehr akzeptierten, stärker anerkannten, unbestimmten Umweg geht, scheitert, wenn er ein echtes Verständnis für die Probleme zeigen soll, die wir begreifen müssen, wenn wir unsere Aufgabe erfüllen wollen.

Betrachten wir das Wort „Macht". „Macht", „die physische, geistige oder moralische Fähigkeit zum Handeln", ist zu einem üblen Wort geworden, bei dem Ober- und Untertöne mitschwingen, die das Unheilvolle, Schädliche und Skrupellose anklingen lassen. Es suggeriert ein Blendwerk niederer Regionen. Schon bei der Erwähnung des Wortes „Macht" öffnet sich im Geiste die Hölle, der der Gestank des teuflischen Pfuhls der Korruption entströmt. Bilder der Grausamkeit, Unaufrichtigkeit, Selbstsucht, Arroganz, Diktatur und des elenden Leids werden wachgerufen. Das Wort „Macht" ist mit Konflikt verknüpft; es ist inakzeptabel in einer von der Werbebranche der Madison Avenue keimfrei gemachten Welt, in der Gegensätze als Lästerung angesehen werden und der einzige Wert darin besteht, zueinander nett zu sein. „Macht" ist unserer Ansicht nach fast gleichbedeutend mit Korruption und Unmoral geworden.

Wann immer das Wort „Macht" erwähnt wird, führt irgendjemand früher oder später den klassischen Ausspruch von Lord Acton an und zitiert ihn folgendermaßen: „Macht korrumpiert, und absolute Macht korrumpiert absolut." Tatsächlich lautet das richtige Zitat: „Macht kann leicht korrumpieren, und absolute Macht korrumpiert absolut." Wir können nicht einmal Actons Aussage genau lesen, so verwirrt reagieren unsere Gedanken auf das Wort „Macht".

Die Korruption durch die Macht liegt nicht an der Macht, sondern an uns selbst. Und außerdem, was ist diese Macht, von der und für die die Menschen in einem starken Maße leben? Macht ist das eigentlich Wesentliche, der Dynamo des Lebens. Durch die Macht des Herzens wird Blut durch den Körper gepumpt und erhält ihn am Leben. Es ist die Macht einer aktiven Beteiligung der Menschen, die eine vereinigte Stärke für ein gemeinsames Ziel schafft. Macht ist eine wesentliche Lebenskraft, die immer wirkt, entweder zur Veränderung der Welt oder zur Verhinderung von Veränderung. Macht oder organisierte Tatkraft kann ein tödlicher Explosionsstoff oder ein lebensrettendes Heilmittel sein. Mit der Macht eines Gewehrs kann man die Sklaverei aufrechterhalten oder die Freiheit erlangen.

Die Macht des menschlichen Gehirns kann die ruhmreichsten Errungenschaften hervorbringen und Perspektiven und Einsichten über die Möglichkeiten des Lebens entwickeln, die über den Horizont dessen gehen, was man sich bislang vorstellen kann. Die Macht des menschlichen Gehirns kann ebenso Philosophien und Lebensmöglichkeiten ersinnen, die sich für die Zukunft der Menschheit verheerend auswirken. Wie auch immer, Macht ist der Dynamo des Lebens.

Alexander Hamilton drückte das in „The Federalist Papers" so aus: „Was ist Macht anderes als die Fähigkeit oder die Kraft, etwas zu tun? Was ist die Fähigkeit, etwas zu tun, anderes als die Macht, die zur Ausführung nötigen Mittel einzusetzen?" Pascal, der zweifellos kein bissiger Spötter war, stellte fest: „Gerechtigkeit ohne Macht ist impotent, Macht ohne Gerechtigkeit ist Tyrannei." St. Ignatius, der Gründer des Jesuitenordens, wich nicht vor der Anerkennung der Macht zurück, als er seinen Ausspruch kundtat: „Um eine Sache gut auszuführen, braucht der Mensch Macht und Kompetenz." Alle, die in der Geschichte eine Rolle gespielt haben, verwenden das Wort Macht in ihren Reden und Schriften und kein Ersatzwort.

Eine Welt bar jeder Macht ist nicht vorstellbar; man kann sich nur organisierte und nicht-organisierte Macht vorstellen. Die Menschheit hat sich nur dadurch weiterentwickelt, dass sie gelernt hat, die Instrumente der Macht zu erweitern und zu handhaben, um Ordnung, Sicherheit, Moral und ein zivilisiertes Leben zu erreichen, anstatt ums bloße physische Überleben zu kämpfen. Jede dem Menschen bekannte Organisation, von der Regierung abwärts, besteht nur aus einem einzigen Grund, nämlich der Organisation von Macht, um sie anzuwenden oder um gemeinsame Ziele zu fördern.

Wenn wir von einer Person sagen, dass sie die Hand am Drücker hat, sprechen wir über Macht. Man muss die Macht und ihre Wirkung in allen Lebensbereichen begreifen, will man das Wesentliche der Beziehungen und Funktionen zwischen Gruppen und Organisationen verstehen, gerade in einer pluralistischen Gesellschaft. Die Macht zu kennen und sie nicht zu fürchten ist die Voraussetzung für ihre sinnvolle Anwendung und Kontrolle. Kurz: Leben ohne Macht ist Tod, eine Welt ohne Macht wäre eine Geisterlandschaft, ein toter Planet.

„Eigeninteresse"

Das Eigeninteresse ist wie Macht von einem schwarzen Schleier des Negativen und Verdächtigen umhüllt. Für viele ist „Eigeninteresse" gleichbedeutend mit „Selbstsucht". Das Wort ist verknüpft mit einer widerlichen Ansammlung von Lastern wie Borniertheit, Egoismus und Ichbezogenheit, mit allem, was den Tugenden der Nächstenliebe und der Selbstlosigkeit entgegensteht. Diese allgemeine Definition deckt sich natürlich nicht mit unseren alltäglichen Erfahrungen und widerspricht den Beobachtungen aller Kenner der Politik und des Lebens. (…)

Von den großen Lehrern der jüdisch-christlichen Ethik und den Philosophen über die Ökonomen bis hin zu erfahrenen Beobachtern politischen Lebens sind sich alle darin einig, dass das Eigeninteresse eine äußerst wichtige Triebfeder menschlichen Verhaltens darstellt. Die Bedeutung des Eigeninteresses ist nie infrage gestellt worden; sie ist als eine unumgängliche Tatsache des Lebens akzeptiert. Christus sagte, dass es keine größere Liebe gebe als die, sein Leben für seine Freunde zu opfern. Aristoteles schrieb: „Ein jeder denkt hauptsächlich an sein eigenes, kaum an das öffentliche Interesse." In „The Wealth of Nations" von Adam Smith heißt es: „Unser Essen hängt nicht von der Güte des Metzgers, Brauers oder Bäckers ab, sondern von ihrem Eigeninteresse. Wir wenden uns nicht an ihre Menschlichkeit, sondern an ihre Eigenliebe, und sprechen mit ihnen nicht über unsere Bedürfnisse, sondern von ihrem Vorteil." In allen Gedankengängen in „The Federalist Papers" ist kein Punkt so zentral und unumstritten wie: „Reiche und Arme neigen gleichermaßen dazu, eher impulsiv als vernünftig zu handeln und nach den eng gefassten Vorstellungen ihres Eigeninteresses ..." Das alle Bereiche des politischen Lebens durchdringende Eigeninteresse infrage zu stellen heißt, sich zu weigern, den Menschen so zu sehen, wie er ist, und sich ein Bild von ihm zu machen, wie er in unseren Augen sein sollte. (...)

Durch einen Appell an ihr Eigeninteresse bringt man Menschen dazu, in den Krieg zu ziehen; aber sobald sie an der Front sind, ist es ihr wichtigstes Eigeninteresse, am Leben zu bleiben, und im Falle des Sieges wird sich ihr Eigeninteresse gewöhnlich auf völlig andere Ziele richten als die, welche sie vor dem Krieg hatten. Zum Beispiel waren die USA im Zweiten Weltkrieg leidenschaftliche Verbündete der Sowjetunion gegen Deutschland, Japan und Italien, und kurz nach ihrem Sieg verbündeten sie sich mit den ehemaligen Feinden – Deutschland, Japan und Italien – gegen ihren ehemaligen Alliierten, die UdSSR.

Diese drastischen Verschiebungen des Eigeninteresses können verstandesmäßig nur unter einen riesigen Hut allgemeiner „moralischer" Grundsätze gesteckt werden wie Unabhängigkeit, Gerechtigkeit, Freiheit, ein Recht, das höher ist als von Menschen gemachte Gesetze, und so weiter. Die sogenannte Moral ist das Beständige, während sich die Eigeninteressen verschieben.

Innerhalb dieser Moral scheint es eine zerreißende Auseinandersetzung zu geben, wohl aufgrund gewisser Hemmungen in unserer Art von moralistischer Zivilisation – das Eingeständnis, dass wir auf der Grundlage nackten Eigeninteresses handeln, erscheint uns schändlich, weshalb wir verzweifelt versuchen, jede Veränderung der Lebensumstände, die in unserem Eigeninteresse ist, mit einer großen moralischen Rechtfertigung oder Erklärung in Einklang zu bringen. Im gleichen Atemzug weisen wir darauf hin, dass wir entschiedene Gegner des Kommunismus sind, aber das russische Volk lieben (die Liebe zu den Menschen gehört zu den Grundsätzen unserer Zivilisation). Was wir hassen, ist der Atheismus und die Unterdrückung des Individuums, die wir als Wesensmerkmale sehen, die die „Unmoral" des Kommunismus beweisen. Darauf baut sich unsere mächtige Gegnerschaft auf. Die eigentliche Tatsache geben wir nicht zu: unser persönliches Eigeninteresse.

Unmittelbar vor dem Überfall der Nazis auf die Sowjetunion verkündeten wir all diese negativen, teuflischen russischen Charakterzüge. Damals waren die Sowjets zynische Despoten, die stillschweigend einen Nichtangriffspakt mit Hitler schlössen, die rücksichtslosen Invasoren, die den Polen und Finnen Unheil bescherten. Das Volk lag geknechtet in Ketten, in Sklaverei gehalten durch die Macht eines Diktators; es war ein Volk, dessen Machthaber ihm so misstraute, dass der Roten Armee keine scharfe Munition ausgehändigt wurde, weil sie ihre Gewehre gegen den Kreml hätte richten können. All das waren unsere Vorstellungen. Aber innerhalb von Minuten nach der Invasion Russlands durch die Nazis, als unser Eigeninteresse uns diktierte, dass die Niederlage der UdSSR sich katastrophal für uns auswirken könnte, da – plötzlich – entdeckten wir das tapfere, große, herzliche, liebenswürdige russische Volk, der Diktator wurde zum guten und liebevollen Onkel Josef, die Rote Armee war auf einmal erfüllt von Vertrauen und Ergebenheit gegenüber ihrer Regierung, kämpfte mit nie dagewesenem Heldenmut und wandte gegen den Feind die Taktik der verbrannten Erde an. Die russischen Verbündeten hatten sicherlich Gott auf ihrer Seite – schließlich war er auf unserer Seite. Unsere Kehrtwendung im Juni 1941 war dramatischer und plötzlicher als die Kehrtwendung gegen die Russen kurz nach der Niederlage unseres gemeinsamen Feindes. In beiden Fällen verschleierten wir unser Eigeninteresse, während die Banner der Freiheit, der Unabhängigkeit und des Anstandes enthüllt wurden – zuerst gegen die Nazis und sechs Jahre später gegen die Russen. (...)

Immer wieder verstricken wir uns in diesen Konflikt zwischen unseren erklärten moralischen Prinzipien und den wahren Gründen für unser Handeln, nämlich unserem Eigeninteresse. Wir schaffen es, diese wahren Gründe mit der Maske der wohlwollenden Güte zu versehen, mit Wörtern wie „Freiheit", „Gerechtigkeit" und so weiter. Solche Risse im Stoff dieser moralischen Verkleidung bringen uns manchmal in Verlegenheit.

Es ist interessant, dass sich die Kommunisten anscheinend nicht mit diesen moralischen Rechtfertigungen für ihre unverhüllten Akte des Eigeninteresses beschäftigen. In gewisser Hinsicht ist dies ebenfalls peinlich; es gibt uns das Gefühl, dass sie über uns lachen könnten, wohl wissend, dass wir auch vom Eigeninteresse geleitet sind, dies aber verbergen wollen. Wir glauben, dass sie uns auslachen könnten, da sie sich durchs Meer der Weltpolitik kämpfen, bekleidet mit einer Badehose, während wir fast absaufen, völlig angezogen mit Schlips und Kragen. (…)

„Kompromiss"

„Kompromiss" ist ein anderes dieser Wörter, das überschattet ist von Schwäche, Schwanken, Verrat von Idealen, Aufgabe von moralischen Prinzipien. In jener Kulturepoche, in der Jungfernschaft als Tugend galt, sprach man von einer „kompromittierten" Frau. Das Wort wird allgemein als moralisch widerwärtig und übel verstanden.

Für den Organizer ist jedoch „Kompromiss" ein Schlüssel und ein schönes Wort. Es ist ständig im praktischen Denken und Handeln präsent. Es heißt: ein Abkommen treffen, die lebensnotwendige Verschnaufpause bekommen, gewöhnlich den Sieg. Wenn man mit nichts anfängt, 100 Prozent fordert und dann einen Kompromiss bei 30 Prozent schließt, ist man um 30 Prozent vorangegangen.

Eine freie und offene Gesellschaft ist ein fortwährender Konflikt, der in regelmäßigen Abständen durch Kompromisse unterbrochen wird – die dann zum Ausgangspunkt für die Fortsetzung der Konflikte werden, zu neuen Kompromissen führen, und so geht es endlos weiter. (…) Sollte ich eine freie und offene Gesellschaft mit einem Wort definieren, wäre dieses Wort „Kompromiss". (…)

„Konflikt“

Die öffentliche Meinung hält „Konflikt“ für ein weiteres schlechtes Wort. Dies ist die Folge zweier Einflüsse in unserer Gesellschaft: Zum einen wird sie beeinflusst durch die Kirchen, die schöne Reden halten vom „Hinhalten der anderen Wange“ und die Bibel in einer Weise zitieren, wie es nicht einmal der Teufel wagen würde, weil es bisher ihre Hauptfunktion gewesen ist, das Establishment zu unterstützen. Der zweite Einfluss ist wahrscheinlich der subversivste und heimtückischste und hat die amerikanische Szene in der letzten Generation durchdrungen: die Werbebranche der Madison Avenue, die moralische Hygiene der Mittelklasse, die aus Konflikt oder Auseinandersetzung etwas Negatives und Unerwünschtes gemacht hat. Dies alles ist Teil einer Reklamekultur, die das gute Auskommen mit Leuten und die Vermeidung von Spannungen betont. Schaut man sich die Werbespots im Fernsehen an, gewinnt man den Eindruck, dass die US-Gesellschaft vornehmlich darauf bedacht ist, Mund- und Körpergeruch zu bekämpfen. Übereinstimmung ist ein Schlüsselwort, nur keinen Anstoß erregen; und so werden heutzutage Leute aus den Massenmedien gefeuert, weil sie „kontroverse“ Meinungen zum Ausdruck gebracht haben; aus den Kirchen werden sie aus dem gleichen Grund geschmissen, aber man nennt das dort „mangelnde Umsicht“; und aus den Universitäten werden Dozenten aus dem gleichen Grund auf die Straße gesetzt, aber hier spricht man von „persönlichen Schwierigkeiten“.

Der Konflikt ist der wesentliche Kern einer freien und offenen Gesellschaft. Wenn man das demokratische Leben als musikalische Partitur abbildete, wäre ihr Hauptthema die Harmonie der Dissonanz.

„Wir können nicht zuerst denken und danach handeln. Vom Augenblick der Geburt an sind wir in Handlungen verwickelt und können sie nur durch Gedanken angemessen steuern."

Alfred North Whitehead

Die immer wieder gestellte Frage „Heiligt der Zweck die Mittel?" ist in dieser Form bedeutungslos, die eigentliche und einzige Frage bezüglich der Ethik von Mittel und Zweck ist immer gewesen: „Heiligt dieser besondere Zweck jenes besondere Mittel?"

Das Leben allgemein und wie jeder Einzelne lebt, ist die Geschichte von Mittel und Zweck. Der Zweck ist das, was man will, und die Mittel der Weg, wie man ihn erreicht. Immer, wenn es um gesellschaftliche Veränderungen geht, stellt sich die Frage nach Mittel und Zweck. Der Mensch der Tat betrachtet die Frage von Mittel und Zweck aus der Sicht des Pragmatikers und Strategen. Für ihn gibt es kein anderes Problem, er denkt nur an seine ihm zur Verfügung stehenden Mittel und an seine unterschiedlichen Handlungsmöglichkeiten. Hinsichtlich der Ziele fragt er sich nur, ob sie erreichbar sind und die Anstrengungen sich lohnen, hinsichtlich der Mittel, ob sie wirksam sind. Wer sagt, dass schlechte Mittel die Ziele verderben, der glaubt an die unbefleckte Empfängnis von Mittel und Zweck. Die Wirklichkeit ist schlecht und brutal. Leben wird zu einer verdorbenen Angelegenheit in dem Augenblick, wo ein Kind lernt, seine Mutter gegen seinen Vater auszuspielen, wenn es darum geht, wann es ins Bett muss. Wer die Verdorbenheit fürchtet, fürchtet das Leben.

Der praktische Revolutionär wird mit Goethe erkennen, dass das Gewissen eine Tugend des Beobachters, nicht des Handelnden ist. Ein Handelnder genießt nicht immer den Luxus einer Entscheidung, die im Einklang sowohl mit seinem persönlichen Gewissen als auch dem Wohlergehen der Menschheit steht. Die Wahl muss immer auf das Letztere fallen. Handlungen sollten dem Vorteil der Massen und nicht dem des Einzelnen dienen. Wer das Wohlergehen der Massen seinem persönlichen Gewissen opfert, hat eine sonderbare Vorstellung vom „persönlichen Wohl", er kümmert sich zu wenig um Menschen, um sich für sie „verderben" zu lassen.

Diejenigen, die mit ihren Diskussionsbeiträgen und ihrer Literatur über die Ethik von Mittel und Zweck einen Haufen auftürmen – deren Sterilität, von wenigen Ausnahmen abgesehen, augenfällig ist –, schreiben selten über ihre eigenen Erfahrungen im ständigen Kampf des Lebens und der Veränderung. Mehr noch: Die Belastungen und Probleme der Handlungsverantwortung und des unaufhörlichen Drucks, sofortige Entscheidungen zu treffen, sind ihnen fremd. Leidenschaftlich frönen sie einer mystischen Objektivität, in der Leidenschaften suspekt sind. Sie gehen von einer nicht vorhandenen Situation aus, in der Menschen leidenschaftslos und von der Vernunft geleitet Mittel und Zweck ersinnen, als ob sie eine Seekarte an Land studierten. Man erkennt diese Leute an einem ihrer beiden sprichwörtlichen Markenzeichen: „Wir stimmen mit den Zielen überein, aber nicht mit den Mitteln" oder „Dies ist nicht der richtige Zeitpunkt". Die Mittel-und-Zweck-Moralisten oder Nichtstuer verstricken sich andauernd in ihre Ziele ohne jegliche Mittel.

Die Mittel-und-Zweck-Moralisten, ständig gequält durch die Ethik der Mittel, die die Ausgebeuteten gegen die Ausbeuter anwenden, sollten sich erst einmal fragen, wo sie selbst politisch stehen. Tatsächlich sind sie doch passiv und damit Verbündete der Besitzenden. Jacques Maritain meinte genau sie, als er sagte: „Die Angst, sich bei der Auseinandersetzung mit der Wirklichkeit die Finger schmutzig zu machen, ist keine Tugend, sondern die Flucht vor ihr." Diese Nichtstuer waren es, die sich entschieden, die Nazis nicht so zu bekämpfen, wie man sie hätte bekämpfen können; sie waren es, die ihre Fensterläden verschlossen, um nicht mitansehen zu müssen, wie Juden und politische Gefangene auf schändliche Weise durch die Straßen geschleift wurden; sie waren es, die im stillen Kämmerlein die ganzen Gräueltaten beklagten – und nichts taten. Dieses unmoralische Verhalten ist wohl nicht mehr zu überbieten. Das unsittlichste aller Mittel ist, keines anzuwenden. Zu dieser Sorte von Menschen gehören auch jene, die sich so vehement und kämpferisch an dieser klassisch idealistischen Debatte über die ethischen Unterschiede zwischen defensiven und offensiven Waffen im alten Völkerbund beteiligten. Ihre Furcht vor Handlungen lässt sie bei einer Ethik Zuflucht nehmen, die mit dem politischen Leben nichts mehr gemein hat und nur noch für Engel gilt, nicht für Menschen. Die Maßstäbe des Urteilens müssen in dem Warum und dem Wozu des Lebens, wie es gelebt wird, der Welt, wie sie ist, verwurzelt sein, nicht in der Fantasiewelt unserer Wunschvorstellungen.

Ich möchte an dieser Stelle eine Reihe von Richtlinien bezüglich der Ethik von Mittel und Zweck aufführen:

Erstens: Das Interesse an der Ethik von Mittel und Zweck steht im umgekehrten Verhältnis zum persönlichen Interesse an einem Problem. Wenn wir nicht unmittelbar betroffen sind, fällt uns das Moralisieren leicht. La Rochefoucauld formulierte das so: „Wir alle haben Kraft genug, das Unglück der anderen zu ertragen." Entsprechend dieser Richtlinie lässt sich sagen, dass das eigene Interesse an der Ethik von Mittel und Zweck im umgekehrten Verhältnis zum eigenen Abstand zum Konflikt steht.

Die zweite Richtlinie der Ethik von Mittel und Zweck besagt, dass die Beurteilung der Ethik der Mittel vom politischen Standpunkt der Beurteilenden abhängig ist. Sich aktiv der Nazi-Besatzung zu widersetzen und sich dem im Untergrund operierenden Widerstand anzuschließen hieß, zu den Mitteln des Mordes, des Terrors, der Zerstörung von Eigentum, der Sprengung von Tunneln und Zügen, der Entführung und der Opferung unschuldiger Geiseln zu greifen, um die Nazis zu besiegen. Diejenigen, die gegen die Nazi-Eroberer kämpften, sahen im Widerstand eine geheime Armee selbstloser, patriotischer Idealisten, erfüllt vom unbezähmbaren Mut und bereit, ihr Leben für ihre moralischen Überzeugungen zu opfern. Für die Besatzungsmacht waren diese Leute hingegen gesetzlose Terroristen, Mörder, Saboteure, Meuchler, die glaubten, dass der Zweck die Mittel heilige, und die völlig ohne jede Moral die Regeln des Krieges verletzten. Jede fremde Besatzungsmacht würde ihren Gegner so moralisch beurteilen. In einem solchen Konflikt interessiert sich jedoch keine Partei für irgendwelche Werte außer dem Sieg. Es geht um Leben und Tod. (…)

Die dritte Richtlinie der Ethik von Mittel und Zweck ist: Im Krieg heiligt der Zweck nahezu jedes Mittel. Die Genfer Konvention über die Behandlung von Gefangenen oder die Nichtanwendung von Atomwaffen wird nur eingehalten, weil der Gegner oder seine potenziellen Verbündeten Vergeltungsmaßnahmen einleiten könnten.

Winston Churchills Bemerkungen gegenüber seinem Privatsekretär wenige Stunden vor dem Einmarsch der Nazis in die Sowjetunion veranschaulichen plastisch die Politik von Mittel und Zweck im Krieg. Informiert über die bevorstehenden Ereignisse wollte der Sekretär von Churchill, dem führenden britischen Antikommunisten, wissen, wie er es mit sich selbst vereinbaren könnte, auf der Seite der Sowjets zu stehen. Wäre es nicht für Churchill peinlich und schwierig, das Parlament zur Unterstützung der Kommunisten aufzufordern? Churchills Erwiderung war klar und unmissverständlich: „Überhaupt nicht. Ich habe nur eine Absicht, die Vernichtung Hitlers, und dadurch ist mein Leben stark vereinfacht worden. Wenn Hitler in die Hölle einmarschierte, könnte ich im Unterhaus selbst den Teufel in einem günstigen Licht darstellen." (…)

Die vierte Richtlinie der Ethik von Mittel und Zweck besagt, dass ein Urteil über Handlungen nur im Zusammenhang mit dem Zeitpunkt ihres Geschehens gefällt werden darf und nicht von der überlegenen Warte irgendeines anderen Zeitpunktes aus. (…)

Die fünfte Richtlinie der Ethik von Mittel und Zweck ist, dass das moralische Interesse mit der Anzahl der zur Verfügung stehenden Mittel steigt und umgekehrt. Für den Menschen der Tat ist das erste Kriterium bei der Wahl der Mittel die Feststellung, welche ihm zur Verfügung stehen. Die Einschätzung und die Wahl zur Verfügung stehender Mittel geschehen auf der Grundlage eines strengen Nützlichkeitsprinzips: Werden sie wirksam sein? Moralische Fragen stellen sich dann, wenn man zwischen zwei gleich wirksamen alternativen Mitteln wählt. Falls man den Luxus der Auswahl nicht besitzt und nur über ein Mittel verfügt, wird sich die moralische Frage nie stellen; das einzige Mittel wird automatisch moralisch gerechtfertigt. Es wird verteidigt mit dem Schrei: „Was hätten wir sonst tun können?" Andererseits ist die sichere Position, in der man die Wahl zwischen einer Reihe von wirkungsvollen Mitteln besitzt, immer begleitet von der moralischen Sorge und der Ruhe des Gewissens, die Mark Twain in bewundernswerter Weise beschrieben hat als „das ruhige Gewissen eines Christen, der vier Asse auf der Hand hat".

Moralisch ist für mich, was für die meisten das Beste ist. Während eines Konflikts mit einem größeren Konzern wurde ich mit der Drohung konfrontiert, man werde das Anmeldeformular eines Hotels, auf dem ich mich mit meiner Freundin als „Herr und Frau" eingetragen hatte, und Fotos von uns beiden veröffentlichen. Ich sagte: „Geben Sie es ruhig an die Presse weiter! Ich halte sie für eine schöne Frau, und ich habe nie behauptet, sexuell enthaltsam zu leben. Tun Sie's nur!" Damit war die Drohung aus der Welt geschafft.

Unmittelbar danach besuchte mich ein Angestellter des Konzerns. Es stellte sich heraus, dass er einer unserer heimlichen Sympathisanten war. Er zeigte auf seine Brieftasche und sagte: „Ich habe hier Beweise dafür, dass der und der (einer unserer Hauptgegner) Jungen den Mädchen vorzieht." Ich antwortete: „Danke, aber vergessen Sie's! Ich will mich nicht auf diese Art von Kampf einlassen. Ich will Ihr Zeug nicht sehen.

Auf Wiedersehen." Er protestierte: „Aber die wollten Sie doch gerade mit diesem Mädchen reinlegen." Ich erwiderte: „Die Tatsache, dass die anderen auf diese Weise kämpfen, bedeutet nicht, dass ich es auch muss. Das Privatleben eines Menschen dermaßen in den Schmutz zu ziehen ist abscheulich und ekelerregend." Darauf ging er.

So weit, so gut. Aber falls ich überzeugt gewesen wäre, dass wir nur hätten siegen können, wenn wir von diesem Mittel Gebrauch gemacht hätten, dann hätte ich es ohne Zögern angewendet. Was wäre meine Alternative gewesen? Hätte ich mich mit gerechter „moralischer" Entrüstung hochziehen sollen und sagen: „Ich werde lieber verlieren als meinen Prinzipien untreu werden"? Und anschließend wäre ich mit meinem unberührten moralischen Jungfernhäutchen nach Hause gegangen? Die Tatsache, dass 40 000 Arme dadurch ihren Krieg gegen Hoffnungslosigkeit und Verzweiflung verloren hätten, wäre zu tragisch gewesen. Dass sich ihre Lage noch durch die Rachsucht des Konzerns verschlechtert hätte, war ebenfalls schrecklich und verhängnisvoll, aber das ist Leben. Schließlich muss man sich an Mittel und Zweck erinnern. Es ist wahr, dass ich vielleicht Schwierigkeiten gehabt hätte einzuschlafen, weil sich diese großen moralischen Engelsflügel nur schwer unter die Bettdecke stecken lassen. Für mich wäre das schlicht unmoralisch gewesen.

Die sechste Richtlinie der Ethik von Mittel und Zweck besagt: Je weniger wichtig das angestrebte Ziel ist, desto mehr kann man es sich leisten, sich mit der moralischen Würdigung der Mittel zu beschäftigen.

Die siebte Richtlinie der Ethik von Mittel und Zweck ist: Bei der Moral spielt im Allgemeinen Erfolg oder Misserfolg eine äußerst wichtige Rolle. Die Beurteilung der Geschichte ist in hohem Maße abhängig von Erfolg oder Misserfolg, dies macht den Unterschied zwischen einem Verräter und einem Volkshelden aus. Es wird nie so etwas wie einen erfolgreichen Verräter geben, denn wenn er Erfolg hat, wird er Gründer einer neuen Sache.

Die achte Richtlinie der Ethik von Mittel und Zweck ist, dass die Sittlichkeit eines Mittels davon abhängt, ob es in Zeiten einer drohenden Niederlage oder eines bevorstehenden Sieges angewandt wird. Das gleiche Mittel kann bei einem offensichtlich sicheren Sieg als unmoralisch angesehen werden, während die Frage der Sittlichkeit sich überhaupt nicht stellt, falls es in einer verzweifelten Lage angewandt wird, um die Niederlage zu verhindern. Kurz, moralische Grundsätze werden dadurch bestimmt, ob man verliert oder gewinnt. Seit Urzeiten gilt der Totschlag in Notwehr als gerechtfertigt.

Wir wollen einmal dieses Prinzip auf die schrecklichste ethische Frage des modernen Zeitalters anwenden: Hatten die Vereinigten Staaten das Recht, die Atombombe auf Hiroshima zu werfen? Als die Atombombe abgeworfen wurde, war den Vereinigten Staaten der Sieg sicher. Im Pazifik hatte Japan eine ununterbrochene Reihe von Niederlagen erlitten. Vom Luftwaffenstützpunkt Okinawa aus konnten wir den Gegner rund um die Uhr mit Bomben eindecken. Die japanische Luftwaffe war dezimiert, ebenso ihre Marine. In Europa war der Sieg errungen worden, und die gesamte dort stationierte Luftwaffe, die Marine und das Heer konnten im Pazifik eingesetzt werden. Russland rückte an, um seinen Teil der Siegesbeute zu bekommen. Die japanische Niederlage war absolut sicher, und die einzige Frage blieb, wie und wann der Gnadenstoß erfolgen sollte. Aus den bekannten Gründen warfen wir die Bombe ab und entfesselten damit eine weltweite Debatte über die moralische Berechtigung solcher Mittel, einen Krieg zu beenden.

Ich behaupte, dass die Entwicklung und Anwendung der Atombombe gegen Japan zu einem Zeitpunkt, als wir unmittelbar nach Pearl Harbor nahezu ohne Verteidigung dastanden, als ein Großteil unserer Pazifikflotte auf dem Meeresgrund lag, als die Nation eine Invasion an der pazifischen Küste befürchtete, als wir uns in Europa im Kriegszustand befanden, in der ganzen Welt als gerechte Vergeltung für Hagel, Feuer und Schwefel verkündet worden wäre. Dann wäre der Einsatz der Bombe als Beweis dafür gepriesen worden, dass das Gute zwangsläufig über das Böse triumphiert. Zu einem solchen Zeitpunkt hätte sich die Frage der Moral beim Einsatz der Bombe nicht gestellt, und die derzeitige Debatte verliefe ganz anders. Wer dieser Behauptung nicht zustimmt, kann sich an den damaligen Zustand der Welt nicht erinnern. Er ist entweder ein Narr oder ein Lügner oder beides.

Die neunte Richtlinie der Ethik von Mittel und Zweck besagt, dass jedes wirksame Mittel automatisch vom Gegner als unmoralisch verurteilt wird. (…)

Die zehnte Richtlinie der Ethik von Mittel und Zweck ist: Man tut, was man kann, mit dem, was man hat, und verpackt das Ganze moralisch. Die erste Frage, die sich dem Handelnden stellt, ist, welche Mittel ihm zur Verfügung stehen, um ein besonderes Ziel zu erreichen. Dies erfordert eine Einschätzung der Kräfte und Möglichkeiten, die vorhanden sind und eingesetzt werden können. Dazu gehört eine sorgfältige Sichtung der vielfältigen Faktoren, die zusammen die Ausgangssituation zu jeder beliebigen Zeit darstellen, und eine Berücksichtigung der allgemeinen Ansichten und des herrschenden Klimas. Fragen müssen in Betracht gezogen werden, zum Beipiel: Wie viel Zeit ist notwendig oder steht zur Verfügung? Wer und wie viele werden die Aktion unterstützen? Besitzt der Gegner derart viel Macht, dass er Gesetze außer Kraft setzen oder ändern kann? Hat er die Polizei so stark unter Kontrolle, dass eine Veränderung auf legale, rechtmäßige Weise unmöglich ist? Wenn Waffen gebraucht werden, sind die erforderlichen Waffen vorhanden? Die Verfügbarkeit der Mittel entscheidet darüber, ob man im Untergrund oder öffentlich arbeitet, ob man schnell oder langsam vorankommt, ob man umfassende Veränderungen oder begrenzte Anpassungen erreicht, ob man mit passivem oder aktivem Widerstand zum Ziel kommt oder ob man überhaupt etwas bewegt. Das Fehlen jeglicher Mittel mag jemanden zum Märtyrertum treiben in der Hoffnung, wie ein Katalysator wirken zu können, der eine Kettenreaktion in Gang setzt, die in einer Massenaktion gipfelt. Ein einfacher moralischer Standpunkt wird zum Machtmittel.

Eine unverhüllte Illustration dieses Punktes findet sich in Trotzkis Zusammenfassung der berühmten Aprilthesen Lenins, die kurz nach Lenins Rückkehr aus dem Exil erschienen sind. Lenin betonte: „Die Aufgabe der Bolschewiken ist der Sturz der imperialistischen Regierung. Aber diese Regierung stützt sich auf die Hilfe der Sozialrevolutionäre und Menschewiken, die ihrerseits durch das Vertrauen der Massen unterstützt werden. Wir sind in der Minderheit. Unter diesen Umständen kann von Gewaltanwendung auf unserer Seite keine Rede sein." Das Wesentliche in Lenins Reden während dieser Zeit war: „Sie besitzen die Gewehre, und deshalb sind wir für Frieden und Reformen durch Wahlen. Wenn wir die Gewehre besitzen, wird alles durch die Kugel entschieden." Und so geschah es dann auch.

Mahatma Gandhi und sein Konzept des passiven Widerstandes in Indien bieten ein hervorragendes Beispiel für die Wahl der Mittel. Hier zeigt sich ebenfalls, wie sich zwangsläufig im Laufe der Zeit moralische Werte verändern als Folge veränderter Verhältnisse und Stellungen der Besitzlosen und Besitzenden, mit der naturgemäßen Verschiebung der Ziele vom Erlangen zum Bewahren. (...)

Gandhi war der Gewaltfreiheit verpflichtet und scheinbar der Liebe zur Menschheit, einschließlich seiner Feinde. Sein Ziel war die Unabhängigkeit Indiens von der Fremdherrschaft, und seine Mittel waren die des passiven Widerstandes. Vom historischen, religiösen und moralischen Standpunkt aus wird Gandhi so in einen heiligen Mutterboden eingebettet, dass es vielerorts als Lästerung angesehen wird, die Frage zu stellen, ob nicht das ganze Konzept des passiven Widerstandes einfach das einzig vernünftige, realistische, angemessene Programm war, das Gandhi zur Verfügung stand, ob die „Sittlichkeit", die diese Politik des passiven Widerstandes umgab, nicht weitgehend ein Grundprinzip war, um ein praktisches Programm mit dem gewünschten und erforderlichen moralischen Deckmantel zu umhüllen.

Wir wollen diesen Fall näher betrachten. Zunächst musste Gandhi wie jeder andere Anführer, der in den gesellschaftlichen Prozess eingreift, die Mittel sichten, die ihm zur Verfügung standen. Hätte er über Waffen verfügt, hätte er sie durchaus in einer bewaffneten Revolution gegen die Briten einsetzen können und sich damit in der Tradition der Revolution für die Freiheit durch Gewaltanwendung befunden. Gandhi besaß keine Gewehre, und falls er die Gewehre gehabt hätte, hatte er keine Leute gehabt, sie zu benutzen. Gandhi äußert in seiner Autobiografie sein Erstaunen über die Passivität und Unterwürfigkeit seines Volkes, das gegen die Briten keine Vergeltungsmaßnahmen ergriff oder nicht einmal Rache an ihnen üben wollte: „Als ich immer weiter und weiter vordrang bei meinen Nachforschungen über Abscheulichkeiten, die dem Volk angetan worden waren, stieß ich auf Berichte über tyrannische Aktionen der Regierung und despotische Willkürakte ihrer Beamten, auf die ich in dieser Form kaum vorbereitet war und die mich mit tiefem Schmerz erfüllten. Was mich damals überraschte und mich heute noch in Staunen versetzt, war die Tatsache, dass eine Kolonie, die während des Krieges der britischen Regierung das größte Kontingent an Soldaten gestellt hatte, diese brutalen Ausschreitungen widerspruchslos hinnehmen sollte."

Gandhi und seine Gefährten beklagten wiederholt die Unfähigkeit ihres Volkes zu organisiertem, wirkungsvollem, gewaltsamem Widerstand gegen Ungerechtigkeit und Tyrannei. Gandhis eigene Erfahrungen wurden durch zahllose Beteuerungen aller Anführer Indiens bestätigt, dass Indien zu einer kriegerischen Auseinandersetzung mit seinen Feinden nicht in der Lage war. Viele Gründe wurden aufgeführt, darunter Schwächlichkeit, Mangel an Waffen, erzwungenes Akzeptieren der Unterdrückung und ähnliche Argumente mehr. In einem Interview mit Norman Cousins beschrieb 1961 Pandit Jawaharlal Nehru die Hindus jener Tage als „eine demoralisierte, eingeschüchterte und hoffnungslose Masse, tyrannisiert und unterdrückt durch die herrschenden Interessen und zu keinem Widerstand fähig".

Angesichts dieser Lage kehren wir für einen Augenblick zu Gandhis Einschätzung und Prüfung der ihm zur Verfügung stehenden Mittel zurück. Ich habe bereits gesagt, dass er, hätte er Gewehre besessen, sie hätte benutzen können; diese Feststellung basiert auf der Unabhängigkeitserklärung Mahatma Gandhis vom 26. Januar 1930, in der er vom „vierfachen Elend unseres Landes“ spricht. Sein vierter Anklagepunkt gegen die Briten lautet: „Die zwangsweise Entwaffnung hat uns geistig den Mannesmut genommen, und die Anwesenheit einer fremden Besatzungsarmee zerstört in uns mit tödlicher Wirkung den Widerstandsgeist und lässt uns denken, wir könnten nicht mehr mit unseren eigenen Angelegenheiten fertig werden oder uns gegen feindliche Angriffe wehren oder nicht einmal unser Haus und unsere Familie verteidigen ...“ Diese Worte machen wohl deutlich, dass Gandhi, hätte er Waffen und Leute zum gewaltsamen Widerstand gehabt, dieses Mittel nicht so vorbehaltlos zurückgewiesen hätte, wie es die Welt gerne glaubt.

In diesem Zusammenhang können wir anmerken, dass Nehru nach der Sicherung der indischen Unabhängigkeit im Kaschmirkonflikt mit Pakistan nicht zögerte, bewaffnet vorzugehen. Nun hatten sich die Machtverhältnisse verändert. Indien verfügte über Gewehre und eine ausgebildete Armee, um diese Waffen einzusetzen. Jede Vermutung, Gandhi hätte einer Gewaltanwendung niemals zugestimmt, wird von Nehru in dem erwähnten Interview von 1961 widerlegt: „Es war eine schreckliche Zeit. Als mich die Nachricht über Kaschmir erreichte, wusste ich, dass ich sofort handeln musste, und zwar mit Waffengewalt. Trotzdem war ich äußerst besorgt, weil mir klar war, dass uns möglicherweise ein Krieg bevorstand – so kurz, nachdem wir unsere Unabhängigkeit durch eine Philosophie der Gewaltfreiheit erlangt hatten. Es war entsetzlich, daran zu denken. Dennoch handelte ich. Gandhi sagte nichts, was auf Missbilligung gedeutet hätte. Das war eine große Erleichterung, muss ich sagen. Wenn Gandhi, der entschieden Gewaltfreie, keine Bedenken äußerte, erleichterte es meine Aufgabe sehr. Das bestärkte meine Auffassung, dass Gandhi anpassungsfähig sein konnte.“

Konfrontiert mit dem Problem, welche Mittel Gandhi gegen die Briten anwenden konnte, kommen wir zu einem anderen zuvor erwähnten Kriterium, dass nämlich die Auswahl und die Anwendung der Mittel entscheidend vom Gesicht des Gegners oder der Art der Opposition abhängig ist. Gandhis Gegner ermöglichten nicht nur den wirkungsvollen Gebrauch des passiven Widerstandes, sondern sie forderten ihn geradezu heraus. Sein Feind war eine britische Verwaltung, die sich durch eine alte, aristokratische, liberale Tradition auszeichnete, die ihren Kolonien ziemlich viel Freiheit zugestand und nach dem Muster funktionierte, die revolutionären Führer, die sich aus den Kolonialvölkern erhoben, zu gebrauchen, aufzuzehren, abzulenken oder auszuschalten, und zwar durch Schmeicheleien oder Korruption. Dies war die Art von Opposition, die die Taktik des passiven Widerstandes tolerierte und schließlich vor ihr kapitulierte.

Gandhis passiver Widerstand hätte nie eine Chance gegen einen totalitären Staat wie das NS-Regime gehabt. Es ist zweifelhaft, ob Gandhi unter solchen Umständen die Idee des passiven Widerstandes überhaupt gekommen wäre. (...) In seinem Essay „Betrachtungen über Gandhi" machte George Orwell einige passende Bemerkungen zu diesem Punkt: „Er glaubte daran, ‚die Welt wachzurütteln', was nur möglich ist, wenn die Welt die Chance hat, zu hören, was man will. Es ist schwer einzusehen, dass Gandhis Methoden in einem Land angewendet werden könnten, in dem Regime-Gegner mitten in der Nacht verschwinden und man nie wieder etwas von ihnen hört. Ohne Presse- und Versammlungsfreiheit ist es unmöglich, nicht nur an die Öffentlichkeit zu appellieren, sondern eine Massenbewegung zustande zu bringen oder bloß dem Gegner eine entsprechende Absicht bekannt zu machen."

Vom praktischen Standpunkt her war passiver Widerstand nicht nur möglich, sondern das wirkungsvollste Mittel, um Indien von der britischen Herrschaft zu befreien. Durch Organisation wurde das größte Negativ der Situation zum bestimmenden Positiv umgewandelt. Kurz, in dem Bewusstsein, dass man von der großen und trägen Masse keine gewaltsamen Aktionen erwarten konnte, organisierte Gandhi die Untätigkeit: Er gab ihr ein Ziel, sodass sie zweckmäßig wurde. Durch die Vertrautheit mit dem Dharma war den Hindus der passive Widerstand nichts Fremdes. Sehr vereinfacht war das, was Gandhi tat, zu sagen: „Schaut, ihr sitzt sowieso alle herum – warum sitzt ihr nicht hier statt dort und ruft: ‚Unabhängigkeit jetzt!'"

Dies führt zu einer weiteren Frage nach der Moral von Mittel und Zweck. (...) Die Menschheit ist in drei Gruppen geteilt: die Besitzlosen, die, die ein bisschen besitzen, und die Besitzenden. Das Ziel der Besitzenden ist, das zu behalten, was sie haben.

Deshalb wollen die Besitzenden den Status quo erhalten und die Ausgebeuteten ihn ändern. Die Besitzenden entwickeln ihre eigene Moral, um die Unterdrückung und andere Mittel zur Aufrechterhaltung des Status quo zu rechtfertigen. Für gewöhnlich sorgen die Besitzenden für Gesetze und Richter, die den Status quo erhalten; da jedes wirksame Mittel zur Veränderung des Status quo üblicherweise illegal und/oder unmoralisch in den Augen der etablierten Gesellschaftsschicht ist, sind die Prekarisierten seit ewigen Zeiten gezwungen, sich auf ein Recht zu berufen, das „höher als das von Menschen gemachte ist". Wenn die Besitzlosen erfolgreich sind und zu Besitzenden werden, kommen sie in die Position, das Erreichte zu bewahren, und ihre Moral verschiebt sich mit der Veränderung ihres Standortes im Machtgefüge.

Acht Monate nach der Sicherung der Unabhängigkeit erklärte der indische Kongress den passiven Widerstand für ungesetzlich und machte ihn zu einem Verbrechen. Man wandte das Mittel des passiven Widerstandes gegen die vorherigen Besitzenden an, aber als man selber an der Macht war, wollte man sicherstellen, dass dieses Mittel gegen einen selbst nicht angewendet würde. Nur als Ausgebeutete haben sie sich auf die höheren, nicht vom Menschen gemachten Gesetze berufen. Jetzt schufen sie die Gesetze, sie waren auf der Seite der vom Menschen gemachten Gesetze. Auch die Ansicht über Hungerstreiks, die während der Revolution so wirkungsvoll angewandt worden waren, hatte sich nun völlig geändert. In dem oben erwähnten Interview sagte Nehru: „Die Regierung wird sich nicht durch Hungerstreiks beeinflussen lassen … Um die Wahrheit zu sagen, ich habe dem Fasten als politische Waffe nicht zugestimmt, auch nicht, als Gandhi es anwandte." (…)

Alle großen Politiker, einschließlich Churchill, Gandhi, Lincoln und Jefferson, beriefen sich immer auf „moralische Grundsätze", um ihr nacktes Selbstinteresse mit dem Deckmantel der „Freiheit", „Gleichheit", „Gerechtigkeit" und so weiter zu versehen. Das machte sich selbst in nationalen Krisen bezahlt, in denen man ohnehin annahm, dass der Zweck jedes Mittel heiligt. Alle wirkungsvollen Handlungen brauchen den Passierschein der Moral.

Beispiele dafür lassen sich überall finden. In den Vereinigten Staaten bediente sich die Bürgerrechtsbewegung in den späten fünfziger Jahren des passiven Widerstandes gegen die Rassentrennung. Gewaltanwendung im Süden wäre selbstmörderisch gewesen – politischer Druck war damals unmöglich –, es blieb nur der wirtschaftliche Druck mit einigen Aktivitäten am Rande. Im legalen Bereich blockiert durch Gesetze des Bundesstaates sowie durch eine feindlich gesinnte Polizei und Gerichte, waren sie wie alle Unterdrückten seit unvordenklichen Zeiten darauf angewiesen, sich auf ein Recht zu berufen, das „höher als vom Menschen gemachte Gesetze ist". Im „Contrat Social" heißt es bei Rousseau, dass „Gesetze eine sehr gute Sache für Menschen mit Besitz sind und eine sehr schlechte Sache für Menschen ohne Besitz". (...)

Die elfte Richtlinie der Ethik von Mittel und Zweck besagt, dass die Ziele allgemeinverständlich formuliert werden müssen, wie zum Beispiel „Freiheit, Gleichheit, Brüderlichkeit", „zum Wohle der Allgemeinheit", „für das Streben nach Glück" oder „Brot und Frieden". Walt Whitman formulierte es so: „Ist das Ziel einmal benannt, kann es nicht widerrufen werden." (...)

Das geistige Schattenboxen um Mittel und Zweck ist typisch für die Beobachter und nicht für die Akteure auf dem Schlachtfeld des Lebens. (...) Die von den Anwälten der Heiligkeit von Mittel und Zweck gesuchte persönliche Sicherheit findet sich nur im Schoß der Yogalehre oder des Klosters, und selbst dort wird sie durch die Ablehnung des moralischen Prinzips getrübt, dass sie ihres Bruders Hüter sind.

Bertrand Russell hat in seiner Schrift „Moral und Politik“ angemerkt: „Die Moral hat es so sehr mit den Mitteln zu tun, dass es fast unmoralisch erscheint, etwas auf seinen inneren Wert hin zu betrachten. Aber es leuchtet ein, dass als Mittel nichts einen Wert hat, wenn nicht das, dem es als Mittel dient, selbst Wert hat. Folglich geht logisch der innere Wert dem Wert als Mittel vor.“ (...)

Mittel und Zweck sind qualitativ so eng miteinander verknüpft, dass die wahre Frage niemals die sprichwörtliche sein kann: „Heiligt der Zweck die Mittel?“, sondern immer lauten muss: „Heiligt dieser besondere Zweck jenes besondere Mittel?“

Organizing
Die Strategie

Das Programm

Was ist ein Programm im Organizing? Schon die Frage selbst führt zu der auf der Hand liegenden, richtigen Antwort, dass ein Organizing-Programm das ist, worüber die Organisierten – also die beteiligten Menschen – selbst entscheiden. Es besteht aus einer Reihe von Prinzipien, Absichten und Verfahrensweisen, auf die man sich gemeinsam einigen konnte.

Was immer wieder vergessen wird und daher nicht oft genug betont werden kann, ist, dass ein Organizing-Prozess zwei wichtige Aufgaben hat. Beide sind gleich wichtig. Die eine ist, dass Organisation Macht schaffen wird, die kontrolliert und bei der Durchsetzung des Programms angewendet werden soll. Die zweite besteht darin, dass ein Programm nur durch Organisation entwickelt werden kann. Wenn Menschen zusammengebracht oder organisiert werden, lernen sie ihre unterschiedlichen Standpunkte kennen; sie einigen sich in vielen Punkten auf Kompromisse, sie erfahren, dass viele Meinungen, die sie als ihre ureigenen betrachtet haben, von anderen geteilt werden, und sie entdecken, dass viele Probleme, die sie für ihre Privatsache hielten, allen gemeinsam sind. Aus diesem ganzen sozialen Wechselspiel ergibt sich eine allgemeine Übereinstimmung, und das ist das Programm. Danach wird die andere Aufgabe der Organisation wichtig: die Anwendung von Macht zur Durchsetzung des Programms. (...)

Die Möglichkeit, ein eigenes Programm auszuarbeiten, wird eine der größten Motivationen im Verlauf eines Organizing-Prozesses sein. Diese Tatsache zeugt sowohl vom Verlangen der Menschen, das eigene Schicksal zu bestimmen, als auch von den mangelnden Möglichkeiten, dies zu tun. (...)

Solch ein Programm kann und muss von den Beteiligten selbst kommen. Die konkrete Planung eines in allen Einzelheiten durchkonzipierten Programms durch einige wenige Personen ist eine höchst diktatorische Handlung. Es ist kein demokratisches Programm, sondern ein monumentales Zeugnis für mangelndes Vertrauen in die Fähigkeit und die Weisheit breiter Bevölkerungsgruppen, sich ihren eigenen gedanklichen Weg zu einer erfolgreichen Lösung der Probleme zu bahnen. Es ist kein Organizing-Programm, und die Menschen werden mit ihm auch wenig zu tun haben.

Es sollte kein zu großer Wert auf Besonderheiten und Details in einem Programm gelegt werden. Die einzelnen Programmpunkte sind nicht so wichtig, wenn man berücksichtigt, wie enorm wichtig es ist, das Interesse der Menschen zu wecken und sie zur Teilnahme am demokratischen Leben zu bewegen. Letzten Endes besteht das eigentliche demokratische Programm in einer demokratisch gesinnten Bevölkerung, in gesunden, aktiven, beteiligten, interessierten, selbstbewussten Menschen, die sich durch ihre Beteiligung und ihr Interesse informieren, erziehen und vor allem den Glauben an sich selbst, ihre Mitmenschen und die Zukunft entwickeln. Die Menschen selbst sind die Zukunft. Sie werden jedes Problem lösen, das sich in einer sich verändernden Welt stellt. Sie werden es schaffen, wenn sie die Möglichkeiten und die Macht besitzen, Entscheidungen zu treffen und durchzusetzen, anstatt die Macht im Besitz einiger weniger zu sehen. Keine Clique oder Kaste, Machtgruppe oder wohlwollende Verwaltung kann die Interessen der Bevölkerung so gut vertreten wie die Menschen selbst.

Die Ausarbeitung eines Programms geht Hand in Hand mit der Organisation der Menschen. Die Entwicklung des Programms und die Organisation der Bewegung sind die beiden Seiten einer Medaille. Das eine kann vom anderen nicht getrennt werden.

Bestimmte, allgemein anerkannte moralische Grundsätze bilden unweigerlich die Eckpfeiler jedes echten Organizing-Prozesses. Der eigentliche Charakter der Organisation wird die gesellschaftliche Verkörperung des glühenden Rufes der Französischen Revolution, „Freiheit, Gleichheit, Brüderlichkeit", sein oder das, was die großen Weltreligionen als Achtung vor der Würde des Menschen beschreiben. (...)

Hat man Vertrauen zu den Menschen, sollte man ihnen zutrauen, ein Programm entwerfen zu können. Gefällt einem das Programm nicht, sollte man sich in Erinnerung rufen, dass es den Betroffenen gefällt. Lasst die Planungsapostel nie vergessen, dass das Wichtigste im Leben die Substanz und nicht die Struktur ist. Die Substanz einer Demokratie sind die Menschen, und falls die Substanz gut ist – falls die Menschen offen sind, interessiert, informiert, beteiligt, erfüllt vom Vertrauen in sich selbst und die anderen –, dann wird sich in der Struktur unweigerlich die Substanz widerspiegeln. Die eigentliche Organisation von Menschen, die sie befähigt, sich ihrer Möglichkeiten und Verpflichtungen bewusst zu werden, ist ein gewaltiges Programm für sich. Es ist letztlich das Programm. (…)

Eine Basisorganisation wird unweigerlich feststellen, dass ihre Probleme alle Aspekte des Lebens berühren. Aus diesem Grund unterscheidet sich ein Organizing-Programm wesentlich von den herkömmlichen Programmen einer durchschnittlichen Gruppe, die sich in einer Bürgerinitiative oder einem Stadtteilverein zusammenschließt und behauptet, ein Programm zu besitzen.

Die Programme dieser herkömmlichen Vereinigungen gründen sich auf zwei wesentliche Trugschlüsse, die in einem Organizing-Programm auffallenderweise fehlen. Der erste Trugschluss ist, dass jedes Problem losgelöst von allen anderen Problemen gesehen wird. Es kann dabei um Jugendprobleme, Jugendkriminalität, Kriminalität, Mieterfragen, Krankheiten und noch viel mehr gehen, aber ein Verein wird gegründet, um den Versuch zu unternehmen, eines dieser besonderen Probleme zu lösen oder weitestgehend abzuschwächen. (…)

Von einem zweckmäßigen Standpunkt aus gesehen, kann das Problem der Jugend (oder jedes andere Problem) nicht als isoliertes Phänomen betrachtet werden. Ebenso wenig kann jedes besondere Problem der Jugend überhaupt verstanden und untersucht werden, wenn man es nicht im Zusammenhang sieht. Ein bezeichnendes Beispiel für diese Art zerlegenden Denkens liefert die übliche Erforschung des

Verbrechens. Das Verbrechen kann genau genommen nur als ein Aspekt eines Problems allgemeiner sozialer Verfallserscheinungen betrachtet werden. Bereits am Anfang der Studien über das Verbrechen wird man mit einer Vielfalt sozialer Missstände konfrontiert. Solche Aspekte dieser trostlosen Szene wie Arbeitslosigkeit, Fehlernährung, Krankheiten, Verfall, Enttäuschungen und vieles andere mehr, einschließlich Kriminalität, sind einfach Teile eines Gesamtbildes. Diese Probleme sind nicht voneinander zu trennen. Eine vernünftige Herangehensweise an das Problem des Verbrechens würde deshalb die Behandlung aller anderen Probleme beinhalten, die Teil und Stückchen der Entstehung der Kriminalität sind.

Deutlich ist, dass sich eine Organisation mit den grundlegenden Problemen der Arbeitslosigkeit, der Krankheiten und der Wohnverhältnisse wie auch mit den Ursachen der Kriminalität beschäftigen muss, will sie das Problem der Jugend oder des Verbrechens wohlüberlegt bekämpfen. Die herkömmlichen Organisationsansätze sind dazu nicht in der Lage. Ihnen fehlt das Rüstzeug, grundlegende soziale Probleme anzugehen, und sie wollten dies auch nie. Eine zur Bekämpfung des Verbrechens gegründete Organisation erklärt, ihre Aufgabe sei es, sich ausschließlich mit der Kriminalität zu beschäftigen und nicht mit solch kontroversen Sachen wie Konflikten um Mindestlöhne und Sozialhilfe, Privat- und Sozialwohnungen, öffentliche Gesundheitsversorgung und privatärztliche Behandlung sowie mit anderen grundlegenden Problemen. Verstandesmäßig und logischerweise werden Mitglieder einer solchen Vereinigung zugeben, dass man nicht hoffen kann, die Ursachen der Kriminalität zu beseitigen, wenn man nicht das ganze Umfeld angeht; in der Praxis werden sie sich jedoch nachdrücklich aus allen Kontroversen heraushalten.

Arbeitsplätze, höhere Löhne, wirtschaftliche Sicherheit, Wohnungen und Gesundheit gehören zu den wichtigsten Dingen im Leben. Und sie sind alle umstritten. Diese Probleme müssen offen, mutig und kämpferisch angegangen werden. Wer das nicht will, sollte nicht wagen, zu Arbeitslosen zu gehen – die nicht wissen, woher sie ihre nächste Mahlzeit nehmen sollen, die mit ihren Kindern in der Gosse der Verzweiflung leben – und ihnen keine Nahrung, keine Arbeitsplätze, keine Sicherheit anzubieten, sondern beaufsichtigte Freizeitbeschäftigung, Bastelkurse und Persönlichkeitsbildung! Aber genau das wird immer wieder getan! Anstatt das Recht auf Arbeit für ein bisschen Brot und Butter zu garantieren, kommen wir mit Almosen!

Menschen für einen Job auszubilden, wenn es keine Jobs gibt, kommt dem Herausputzen einer Leiche gleich – letztlich bleibt sie trotzdem eine Leiche.

Ebendieses verzerrte Bild bietet ein Slum, in dem die Menschen auf einer niedrigen wirtschaftlichen Ebene ein Leben beladen von Unsicherheiten führen. Was sind überhaupt Slums? Ein Slum ist eine schmutzige, elende, verseuchte Müllhalde voll von Enttäuschungen und Verzweiflung. Es ist ein Ort, an dem die Menschen dahinvegetieren, weil sie nicht über die Mittel verfügen, woanders zu wohnen. Alle leben dort nur aufgrund finanzieller Schwierigkeiten oder wegen der Rassenschranken. Wenn ein Stadtteilverein irgendetwas Bedeutendes zur Lösung der Probleme der Bevölkerung unternehmen will, sieht er sich immer mit dem vordringlichen Ziel konfrontiert, die grundlegenden Bestandteile anzugreifen, die den wirtschaftlichen Verfall des Slums und seiner Bewohner verursachen. Wenn wir uns aus den Fesseln der Geschwätzigkeit befreien, ist das Ziel klar und einfach: Unsere Aufgabe besteht in der Beseitigung des Slums. Das bedeutet, all jene Kräfte in der Stadt und in der Nation zu bekämpfen, die die menschliche Müllhalde – schlimmer noch, die Fäkaliengrube – geschaffen haben, die wir als Slum kennen.

Es gibt Leute, die nicht mit dieser grundsätzlichen These übereinstimmen. Sie rühmen sich selbst ihrer Techniken und Talente, schwierige Situationen ausgleichen zu können. Sie begegnen den Menschen in den Slums wohlwollend und gütig, nicht um sie zu organisieren und ihnen zu helfen, zu rebellieren und ihren Weg aus dem Dreck freizukämpfen – nein! Sie kommen, um diese Leute „anzupassen", anzupassen, damit sie in der Hölle leben werden und es auch noch gut finden. Es fällt schwer, sich eine schlimmere Art sozialen Verrats vorzustellen – und diese Niederträchtigkeit wird auch noch im Namen der Nächstenliebe begangen. Ist es ein Wunder, dass die Menschen im Slum murren: „Zum Teufel mit deiner Nächstenliebe. Wir wollen Jobs!" Aber bei Arbeitsplätzen geht es um etwas Grundlegendes, und der Kampf um Arbeitsplätze führt uns in eine äußerst unbarmherzige Arena, den Kampf zwischen Kapital und Arbeit, den Kampf ums Dasein. Diese Probleme haben vor allen anderen Vorrang.

Die herkömmlichen Stadtteilvereine – und das sind eigentlich alle – werden schnell feststellen, dass die Probleme des Lebens sich nicht einzeln in Zellophan einwickeln lassen, und weil sie sich nicht mit den Wurzeln der Probleme auseinandersetzen können und wollen, ziehen sie sich in die Sphäre trivialer, oberflächlicher Verbesserungsvorschläge zurück. Die Menschen beurteilen den Verein nach seinem Programm, und bald sehen sie den Verein als unbedeutend an.

Das Programm eines echten Organizing-Prozesses nimmt gelassen die überwältigende Tatsache hin, dass alle Probleme miteinander zusammenhängen und dass sie alle das Produkt bestimmter grundlegender Ursachen sind, dass letztlich der Erfolg bei der Überwindung dieser Missstände nur durch einen Sieg über alle Missstände erzielt werden kann. Aus diesem Grund ist ein Organizing-Programm nur durch den Horizont der Menschlichkeit begrenzt.

Der Aufbau einer Organizing-Struktur (eines Organizing-Teams oder -Komitees) kann nur durch die Menschen selbst geleistet werden. Und Menschen drücken sich selbst durch Anführer, durch Meinungsführer oder (Opinion-)Leader aus. Unter Leadern verstehen wir deshalb solche Personen, die von den Menschen als Anführer und Sprachrohr betrachtet und anerkannt werden. Leader sind bei dem Versuch, eine Organizing-Struktur aufzubauen, von fundamentaler Bedeutung, denn ohne ihre Unterstützung und Bereitschaft zur Zusammenarbeit wird ein jegliches Vorhaben in dieser Richtung von Anfang an zum Scheitern verurteilt sein.

Lokale Anführer sind im wahrsten Sinne die wirklichen Vertreter der Menschen in einem Viertel. Sie haben sich ihre Führungsposition innerhalb der Bevölkerung verdient und werden als Leader akzeptiert. Eine Organizing-Struktur muss in der Basis selbst wurzeln: Stellen wir uns die Struktur als einen Baum vor, dann wären die lokalen Anführer die Wurzeln und die Menschen selber die Erde. Um in der Erde zu ruhen und von der Erde genährt zu werden, muss der Baum tief und fest verwurzelt sein.

Menschen zu organisieren heißt, mit ihnen zu reden, sie zusammenzubringen, damit sie miteinander sprechen und sich einigen können. Aber es ist offenbar unmöglich, alle Menschen an diesem Gespräch miteinander zu beteiligen. Der einzige Weg, sie zu erreichen, führt über ihre eigenen Vertreter oder ihre eigenen Leader. Man redet mit Menschen durch

CALL ME
A RADICAL
ALINSKY RULEZ

ihre Leader, und falls man diese nicht kennt, befindet man sich in der gleichen Lage wie eine Person, die jemanden anrufen will, ohne die Telefonnummer zu wissen. Wer diese lokalen Anführer ausfindig macht, kennt die Telefonnummer der Basis. Mit einheimischen Anführern zu reden bedeutet, mit der Bevölkerung zu reden. Mit ihnen zu arbeiten heißt, mit den Menschen zu arbeiten. Und mit ihnen etwas zusammen aufzubauen heißt, eine funktionierende Organizing-Struktur aufzubauen. (...)

Es ist offensichtlich, dass die vordringlichste und schwierigste Aufgabe eines Organizers darin besteht, die lokalen Leader ausfindig zu machen. Mit wenigen Ausnahmen sind die wirklichen Anführer außerhalb des Viertels völlig unbekannt. Außenstehende mögen den Namen des örtlichen Gewerkschaftsführers, des Bankiers oder eines Geschäftsmannes kennen, aber selten wissen sie die Namen der vielen kleinen Leader, die eine Anhängerschaft von 20 oder 30 Personen besitzen. Darüber hinaus ist die Unkenntnis der Identität der wirklichen Sprecher eines Viertels nicht auf Außenstehende begrenzt. Häufig sind sie nicht einmal den Persönlichkeiten und Geschäftsleuten innerhalb dieses Viertels bekannt.

Die einzelnen Leader lassen sich nicht mit üblichen Mitteln wie Fragebogen oder Interviews ausfindig machen. Nur durch Nachforschungen, die unendliche Geduld verlangen, spürt man sie auf. Man muss sich in zahlreiche zwanglose Situationen begeben und ständig jedes Wort und jede Geste genau beachten, denn durch Wörter und Gesten erkennt man die Rolle einer bestimmten Person im Viertel und kann sie einschätzen. Das bedeutet, dass man schärfstens beobachten und jede Spur dauernd überprüfen muss. Der erfolgversprechendste Rahmen für die Entdeckung örtlicher Anführer sind oft Kneipengespräche, Kartenspiele und andere ungezwungene Zusammenkünfte, bei denen die zwanglose Stimmung sich gegen Misstrauen und Zurückhaltung durchsetzt. Das bedeutet: vertraulicher Umgang mit bestimmten Interessengruppen in einem Viertel, und zwar mit religiösen, kommerziellen, sozialen, gewerkschaftlichen und allen anderen. Das bedeutet, sich durch diese Interessengruppen durchzuarbeiten, um die eigentlichen Leader zu entdecken. In vielen Fällen werden diese offiziell keinerlei Posten besitzen, sondern sie ziehen vielmehr die Fäden hinter den Kulissen. (...)

Wie die Menschen eine Vielzahl von Interessen haben, so besitzen sie ebenfalls eine Vielzahl von Leadern. Das Problem, diese auszumachen, ist ebenso verworren und kompliziert wie das, die Kräfte, Interessen und zahllosen Bestandteile zu verstehen, die alle zum Leben eines Viertels gehören. Ein Mann ist Mitglied einer Kirche, einer Gewerkschaft, eines Vereins, einer sozialen oder politischen Gruppe und etlicher anderer Interessengruppen. Nachforschungen werden ergeben, dass dieser Mann eine bestimmte Person als Autorität anerkennt, auf deren Urteil er in politischen Fragen vertraut, aber wenn er mit finanziellen Problemen konfrontiert ist, wird er sich an einen seiner Kollegen in der Gewerkschaft wenden. Und so geht es weiter. Er mag innerhalb seines Wirkungskreises fünf oder sechs Personen haben, an die er sich in den unterschiedlichsten Angelegenheiten wenden kann.

Daraus geht klar hervor, dass man nur selten jemandem über den Weg läuft, der als vollendeter Leader bezeichnet werden kann, als Person also, die in allen Belangen über eine Anhängerschaft von 40 oder 50 Leuten verfügt. Lasst uns die Sache einmal unter diesem Gesichtspunkt betrachten. Joe Dokes, ein Betriebsrat, mag eine Anhängerschaft von 40 oder 50 Leuten haben, die seine Entscheidungen in Sachen Arbeit als endgültig ansehen. Zehn von ihnen werden jedoch auf Robert Rowe schauen, wenn es um finanzielle Probleme geht. Der arbeitet ganz woanders, aber sie kennen ihn aus einem Verein. Zehn andere wenden sich an John Doe, den Wirt der Kneipe, und suchen bei ihm finanziellen Rat. Von den 20 Genannten halten 13 Sidney Smith für ihre politische Autorität – Sidney ist Feuerwehrmann.

Folglich ist die Frage, was einen Leader ausmacht, nicht zu trennen von der großen Zahl von Anführern kleiner Gruppen und den Einzelaspekten ihres Lebens. Die Zahl der lokalen Leader ist deshalb beträchtlich. Dies gilt für dieses Viertel wie für jeden anderen Bereich der Bevölkerung, einschließlich den des Lesers. Diese örtlichen Autoritäten – die „Little Joes" – spielen, das ist klar, eine äußerst bescheidene Rolle im Viertel. (...) „Little Joe" mag ein Autoschlosser sein, ein Kellner, ein Fahrstuhlführer, ein Busfahrer. Unter diesen einfachen Leuten finden sich die lokalen Anführer lokaler Gruppen, die es überall gibt.

Es ist die Aufgabe des Organizers, diese Anführer ausfindig zu machen, mit ihnen zusammenzuarbeiten und darüber hinaus, das ist äußerst wichtig, zu ihrer weiteren Entwicklung beizutragen, damit sie von ihren Anhängern nicht nur in einem begrenzten Bereich anerkannt werden. Diese Ausdehnung der Autorität von einer begrenzten Rolle zu einer umfassenderen stellt eine natürliche Entwicklung dar, die mit dem Wachsen des Organizing-Projektes Hand in Hand geht.

Ein Leader merkt sehr schnell, dass er seine Position in einer Basisorganisation nur dann halten kann, wenn er sich informiert und seine Fähigkeit auch in anderen Bereichen beweist, die zum Organizing-Programm gehören. Wie wir festgestellt haben, ist das Programm allumfassend und schließt jedes Problem im Leben des Menschen ein. Ein Leader in einem solch breit angelegten Programm muss zwangsläufig vielseitige Fähigkeiten und Fertigkeiten demonstrieren und nicht nur begrenzte Qualifikationen, die für eine beschränkte Anhängerschaft ausreichen.

Das ist genau mit der Entwicklung eines einheimischen Leadership gemeint. Das heißt nicht, wie so viele Leute glauben, dass es keine Leader an der Basis gibt. Es gibt sie sehr wohl, aber ihr Radius ist begrenzt, und ihre Entwicklung ist die Entwicklung von lokalen Anführern zu Anführern der ganzen Bevölkerung.

Selbst der beste außenstehende Organizer, dessen Denken und Handeln seiner demokratischen Überzeugung entspricht und der volles Vertrauen in das Volk und seine Leader hat, kann eine Organizing-Struktur nicht vollständig aufbauen. Er kann anspornend und fördernd wirken und im Anfangsstadium der Organisation von unschätzbarem Wert sein. Er kann bei der Grundsteinlegung leitend sein – aber nur die Bevölkerung und ihre Leader können eine echte Organizing-Struktur aufbauen.

Die Community

Die Grundlage allen Organizings ist das reale Leben der betroffenen Menschen. Deshalb ist der erste Schritt beim Aufbau einer Basisorganisation das Verständnis des Lebens in einem Viertel, und zwar nicht nur im Hinblick auf die individuellen Erfahrungen, Gewohnheiten, Werte und Ziele; sondern ebenfalls unter dem Gesichtspunkt gemeinschaftlicher Gewohnheiten, Erfahrungen, Bräuche, Zwänge und Wertvorstellungen: der Traditionen eines Viertels. (…)

Man kann nicht oft genug betonen, wie wichtig es ist, die Traditionen der Menschen zu kennen, denen man vorschlägt, sich zu organisieren. Damit ist nicht die umfassende Kenntnis aller ihrer Traditionen gemeint, wohl aber, dass der Organizer mit den augenfälligsten Traditionen der Bevölkerung vertraut ist. Und das heißt mehr, als sich als Organizer bewusst zu sein, dass man nicht mit einem Schinkenbrötchen in ein Viertel orthodoxer Juden gehen kann. (…)

Die, die eine Organizing-Struktur aufbauen wollen, fangen realistischerweise mit dem an, was sie vorfinden. Es ist egal, ob sie mit den örtlichen Umständen, Traditionen und Verbänden einverstanden sind oder nicht. Tatsache bleibt, dass dies die Ausgangsbedingungen für die Arbeit sind. (…)

Der Aufbau einer Organizing-Struktur ist keine Frage einer persönlichen Wahl. Man beginnt mit den Menschen, ihren Traditionen, ihren Vorurteilen, ihren Gewohnheiten, ihren Einstellungen und all den anderen Umständen, die ihr Leben prägen.

DER KONFLIKT IST DER KERN
EINER FREIEN UND OFFENEN GESELLSCHAFT
ALINSKY RULEZ

Man sollte immer im Gedächtnis behalten, dass eine echte Organisation der Menschen, von der diese voll überzeugt sind und die sie ohne jeden Zweifel als ihre eigene betrachten, in den Erfahrungen dieser Menschen wurzeln muss. Dieser Gesichtspunkt ist wesentlich, soll die Organisation sich auf die Menschen gründen.

Die kulturellen Traditionen der Menschen sind mit ihren Erfahrungen verknüpft. Sie zu verstehen heißt, nicht nur ihre Vorurteile, Überzeugungen und Werte zu kennen, sondern die Menschen selber zu verstehen. Es heißt, diejenigen sozialen Kräfte zu ermitteln, die für konstruktive demokratische Aktionen eintreten, genauso wie diejenigen, die sie blockieren.

Die Menschen zu kennen heißt, ihre Religionen zu kennen, ihre Wertvorstellungen, Ziele, Bräuche, Sanktionen und Tabus. Es heißt, nicht nur ihre Beziehungen und Einstellungen untereinander zu kennen, sondern auch ihre Haltung Außenstehenden gegenüber. (…)

Der Organizer, der eine Ahnung von örtlichen Traditionen hat und sie versteht, ist in der Lage, mit einer Schnelligkeit und Gründlichkeit zu organisieren, die den Betrachter erstaunt.

Das Viertel „Across the Tracks" (hinterm Bahndamm) war immer schon für seine Härte bekannt. Viele Bewohner dieses Viertels ärgerten sich darüber, dass sie überall automatisch für Rabauken gehalten wurden, die beim geringsten Anlass eine Schlägerei anfangen. Das passierte den Bewohnern von „Across the Tracks" auch bei den Arbeitsämtern, wenn sie sich nach einem Job erkundigten. Diese Tradition wurde bei einer Organizing-Kampagne im positiven Sinne genutzt, indem die Bewegung, die in diesem Viertel entstand, sich ihrer Härte rühmte. Die Tradition führte die Kampagne von Sieg zu Sieg gegen äußerst starke Interessen in ihrer Stadt.

In Bagville gab es die Legende, dass das Viertel bis 1915, als eine verheerende Überschwemmung Zerstörungen und Verwüstungen mit sich brachte, sehr gesund, wohlhabend und attraktiv gewesen war. Nach der Flut war die Gegend zu einem der schlimmsten Slums, berüchtigt im ganzen Land, geworden. Die Schönheit Bagvilles vor der Katastrophe wiederzuerlangen wurde zum Ziel des Viertels. Obwohl viele Einwohner viel zu jung waren, um sich an die Flut zu erinnern, prägte das sich erhebende Bagville den Slogan: „Zurück zu dem, wie es vor der Flut von 1915 war." Dieser Slogan vereinigte viele der gegensätzlichen Teile des Viertels und wurde zur Triebfeder bei der Organisierung der Einwohner.

In allen Vierteln gibt es die unterschiedlichsten Verbände und Organisationen – Kirchen, Sportvereine, Heimatverbände, Wohltätigkeitsverbände, religiöse Gemeinschaften, Dienstleistungsorganisationen, Freizeitgruppen, Logen, politische Parteien und etliche andere mehr. Zu Beginn der Organisationsarbeit kann man mit Sicherheit davon ausgehen, dass sich ein großer Teil dieser Verbände dem Aufbau einer Organizing-Struktur entgegenstellen wird. Sie werden ihre Feindseligkeit in vielen Formen zum Ausdruck bringen, zum Beispiel das Programm ablehnen, Bedenken hinsichtlich der Zukunftsaussichten einer solchen Organisation anmelden, überhaupt alle möglichen Gründe vorbringen, nur nicht die wahren. Der wirkliche Grund ist, dass diese Verbände am Leben des Viertels beteiligt sind. Viele von ihnen befinden sich in ständiger Konkurrenz mit anderen und kämpfen unaufhörlich ums Überleben. Sie sehen in der Einführung einer neuen Bewegung eine weitere Bedrohung ihrer Sicherheit. Das heißt, dass viele ihrer eigenen Leute sich an die neue Organisation binden werden. Das heißt auch, dass diese neue Organisation die Geldquellen des Viertels anzapfen wird und dadurch die Mittel verringert, die bisher den bestehenden Verbänden zuflossen. Ebenso befürchten die bestehenden Verbände, dass einige ihrer Aufgaben von der neuen Organisation übernommen werden und ihr eigenes Überleben zusätzlich gefährdet wird. Ein weiterer Grund für die Ablehnung einer neuen Organisation ist die Tatsache, dass ihr Entstehen damit im Zusammenhang zu sehen ist, dass die örtlichen Verbände ihre Aufgabe nicht gelöst haben oder unfähig dazu sind.

In einem Viertel sagte ein Pfarrer zum Organizer: „Warum sollte mich Ihr Auftauchen nicht verbittern? Wenn dieses Viertel nun sagt, dass es mit diesem und jenem Schluss machen will, dann heißt das doch, dass ich hier die letzten zwölf Jahre herumgesessen habe, ohne etwas zu tun, und wenn es damit Erfolg hat, stehe ich umso mehr wie ein Narr da, und was werden mir meine Spender nächstes Jahr sagen, wenn ich sie um Unterstützung für meine Community bitte? Sie werden sagen: ‚Sieh dir doch mal an, was die Basisorganisation in nur einem Jahr geschafft hat, und du hast uns in all diesen Jahren erzählt, man könnte nichts tun.'" (…)

Viele Organizer sind verbittert über die Hindernisse, die örtliche Verbände ihnen in den Weg legen, und sie merken dabei nicht, dass sie zum Teil selber die Schuld daran tragen. In ihrem Eifer nehmen sie Aufgaben wahr, die örtliche Verbände als ihr Eigentum betrachten. Die Organizer mögen sich verteidigen: „Schließlich sagt die Kirche, dass diese Art von Programm genau das ist, was sie macht, aber sie haben nichts in dieser Richtung unternommen, und weil etwas getan werden musste, haben wir es getan. Wir hätten uns doch nicht damit beschäftigt, wenn sie ihren Teil der Last trügen, aber wir nehmen ihnen nichts weg, weil sie sich vorher nicht darum gekümmert haben." Der Organizer sollte erkennen, dass die örtlichen Verbände, mit denen er Schwierigkeiten hat, einen äußerst wichtigen Teil des demokratischen Lebens darstellen. Streng genommen bilden sie das eigentliche Skelett der Demokratie. (…)

Der Organizer würde weitaus weniger Schwierigkeiten mit örtlichen Verbänden haben, verstünde er die wirklichen Gründe für ihre ablehnende Haltung. Sobald er die Gründe versteht, würde er als erstes mit allen Verbänden des Viertels zusammenarbeiten, um eine Basisorganisation aufzubauen, wobei sie die eigentliche Grundlage wären. Die Organizing-Struktur würde anfangs eine Organisierung der Organisationen sein. Diese Art von Organisierung stellt keine Bedrohung für irgendeinen der einzelnen Verbände dar. Im Gegenteil, durch eine Basisorganisation und ihre kooperativen Beziehungen werden die Trennwände zwischen den unterschiedlichen Verbänden niedergerissen. Die engen Verbindungen und die offenen Gespräche zerstören die Vorurteile und das Misstrauen, die daraus erwachsen, dass sich Verbände gegenseitig bekämpfen, anstatt zusammenzuarbeiten. Ein örtlicher Priester, der sich anfangs gegen den Aufbau einer Organizing-Struktur stark gemacht hatte, sagte: „Zuerst habe ich wirklich befürchtet, dass diese neue Organisation die bereits geringe finanzielle Unterstützung, die unsere örtlichen Verbände und Kirchen von der Bevölkerung erhielten, noch stärker reduzieren würde. Jedes Mal, wenn ich einen Basar veranstaltet habe, hielten die anderen religiösen Communities und Organisationen ihre Leute davon ab, meinen Basar zu besuchen, weil sie nicht wollten, dass sie ihr Geld bei mir ausgaben. Sie hofften natürlich, dass die Leute ihr Geld nur in ihren eigenen Kirchen ausgeben. Ich nehme an, es handelte sich dabei um den natürlichen Wunsch, die finanziellen Quellen der eigenen Leute zu erhalten. Seit es jedoch den Organizing-Prozess gibt, denken die Leute, wenn sie sich selbst meinen, an alle im Viertel, an alle Verbände und an alles, was das ganze Viertel ausmacht. Bevor es die Organisation gab, kamen bei meinem Bazar nicht mehr als 4 000 im Jahr heraus. Seit der Organisierung haben wir nie weniger als 22 000 bis 25 000 hereinbekommen. Es gibt Leute, die denken nur in Zahlen. Sie sagen: ‚Uns interessieren keine Worte, sondern Dollars und Cents.' Nun, in Dollars und Cents sprechen die Zahlen für sich selbst. Wenn ich jetzt einen Basar veranstalte, unterstützt jeder, und das heißt auch jede Kirche, unseren Basar. Sie fordern ihre Leute auf, zu uns zu kommen, so wie wir unsere Leute auffordern, zu ihren Basaren zu gehen. Es ist wirklich erstaunlich, wie viel mehr das Leben jedem Einzelnen bieten kann, wenn wir alle an einem Strang ziehen, anstatt uns gegenseitig die Kehle durchzuschneiden."

Es kommt noch hinzu, dass eine Organizing-Struktur, die in einem Viertel verwurzelt ist, keine von außen herangetragene Bewegung ist. Das Ziel der Organisation sollte darin gesehen werden, jene größeren Probleme in Angriff zu nehmen, mit denen ein einzelner Verband gar nicht fertig werden kann, weil er zu klein oder zu schwach ist. Jeder Verband führt seine eigene Arbeit fort, aber alle haben sich zusammengetan, um genügend Stärke zu erlangen, die Probleme anzupacken, die so umfassend und groß sind, dass kein Stadtteilverein jemals in Erwägung gezogen hätte, sie anzugehen. Ein solches Programm bedroht weder die Zukunft noch die Betrachtungen über die Vergangenheit irgendeines örtlichen Verbandes.

Der Organizer wird hingegen häufig auf unterschiedliche Verbände treffen, deren Politik sich gegen die Grundideen einer Basisorganisation richtet. In solchen Fällen wird er sich nicht entmutigen lassen oder sich abfällig über die feindselige Haltung dieser Verbände äußern, falls er daran denkt, dass – ähnlich wie sich Menschen ändern, wenn sie sich gegenseitig kennen lernen – auch die Politik dieser Verbände sich in dem Augenblick ändern wird, wenn sie am Organizing-Prozess beteiligt werden. Wenn die Leader der Verbände sich gegenseitig kennen lernen, ändern sich ihre persönlichen Meinungen und Einstellungen, folglich auch die Einstellungen und die Politik ihrer Organisationen. Wenn er sich das vor Augen hält, braucht sich der Organizer am Anfang nicht allzu sehr den Kopf über die reaktionäre Politik einzelner Verbände im Viertel zu zerbrechen. Er wird feststellen, dass eine Mischung aus der fortschrittlichen Politik eines fortschrittlichen Organizing-Prozesses und der konservativen Politik einzelner Verbände im Viertel zu einem fortschrittlichen Ergebnis führen wird. Die Erfahrung lehrt die Gültigkeit dieses Satzes, ganz gleich, wie groß die Kluft zwischen zwei Verbänden auch immer gewesen sein mag. Man kann das mit dem chemischen Prozess vergleichen, bei dem Wasserstoff und Sauerstoff im richtigen Verhältnis zueinander und unter den richtigen Bedingungen zusammengebracht werden und sich zu einem ganz neuen Produkt verbinden: Wasser. Zur Aufgabe des Organizers wird es, zunächst die beiden Elemente zusammenzubringen und dann sicherzustellen, dass sie im richtigen Verhältnis zueinander stehen.

D

er Radikale weiß, dass er den Leuten, um mit ihnen zu arbeiten, zunächst auf der Grundlage allgemeiner Verständigung begegnen muss. Das ist so einfach und wesentlich wie das Erlernen einer Sprache, in der jemand sich zu unterhalten versucht. Die Vorgehensweisen oder Taktiken, die folgen, sollten in diesem Sinne verstanden werden. Sie sind die einfachen Mittel, mit denen man die Leute aufrüttelt, sich zu erheben und sich zu bewegen. Einige Kritiker haben diese Mittel als Feuer beschrieben, mit denen man Feuer bekämpft. Das ist nicht ganz wahr, weil diese Vorgehensweise nur während der frühen Stadien der Organisationsarbeit praktiziert wird. Der Radikale ist sich voll der Tatsache bewusst, dass diese Mittel nur zeitweilige Hilfsmittel beim Beginn der Organizing-Arbeit sind. (...)

Praktisch leben alle Menschen in einer Welt der Widersprüche. Sie treten für moralische Grundsätze ein, nach denen sie nicht leben. Sie werden uns erzählen, dass sie leidenschaftlich an das Christentum und die Brüderlichkeit der Menschen und all deren Konsequenzen glauben, trotz der Tatsache, dass die meisten ihrer Handlungen auf die Ausbeutung ihrer Mitmenschen ausgerichtet sind. Sie versuchen ständig, diesem Dilemma zu entkommen, indem sie jede Menge von Erklärungen parat haben wie: „Sicher, wir glauben an das Christentum, aber Geschäft ist schließlich Geschäft." Die große Trennung zwischen ihren moralischen Prinzipien und ihrer tatsächlichen Lebensweise löst sich selbst in einer außerordentlichen Unbeständigkeit und inneren Widersprüchen auf.

Der Organizer kann und sollte sich dieses Dilemma voll zunutze machen, um Einzelne und Gruppen für die Organisation zu gewinnen. Dies ist genau die Achillesferse bei den noch so materialistisch eingestellten Personen. Gefangen in der Falle ihrer eigenen Widersprüche, wird es diesen Personen schwer fallen, gegenüber dem Organizer und sich selbst ausreichende Gründe aufzuführen, warum sie nicht der Organisation beitreten und sich an ihr beteiligen. Sie werden entweder zur Teilnahme genötigt oder zu einem öffentlichen und persönlichen Eingeständnis ihres fehlenden Glaubens an die Demokratie und den Menschen. Die meisten Leute suchen eifrig nach einem Mittelweg, einer Möglichkeit, wie sie die Kluft zwischen ihren moralischen Prinzipien und ihrem Handeln überbrücken können. Die vergebliche Suche nach einem zufriedenstellenden und gangbaren Weg zur Lösung dieser inneren Konflikte führt zu Vereinfachungen wie, dass alles schon richtig sei, wie es ist, und dass man doch nichts ändern könne. Es ist die alte Geschichte, dass man, sobald man eine falsche Voraussetzung akzeptiert, sie mit immer neuen falschen Argumenten stützen muss. Sobald man eine Lüge erzählt, muss man eine zweite nachschieben, um die erste zu verschleiern, und ein endloser Kreislauf hat begonnen. Ein Christ, der daran glaubt, dass Gott den Menschen nach seinem Ebenbild geschaffen hat, und dabei sein Vorurteil gegenüber Schwarzen aufrechterhält, wird versuchen, seinen inneren Konflikt dadurch zu lösen, dass er sich einredet, dass Schwarze „wirklich minderwertig" seien. Dem Menschen muss die Möglichkeit zu einer heilsamen, konsequenten Versöhnung zwischen seinen moralischen Grundsätzen und seinem Handeln geboten werden, oder er wird zu krankhaften Rechtfertigungen gedrängt.

Viele Verfechter und Anhänger von Organizing-Ideen prangern bitter den Eigennutz als eines der Haupthindernisse an, die überwunden werden müssen, wenn Menschen in einer kooperativen Gemeinschaft organisiert werden sollen. (...) Diese Organizer haben niemals erkannt, dass viele scheinbare Hindernisse äußerst vorteilhaft genutzt werden können. Tatsache ist, dass Eigennutz eine höchst wirkungsvolle Waffe bei der Entwicklung von Zusammenarbeit sein kann und bei der Erkenntnis, dass das Allgemeinwohl von größerer Bedeutung als persönliches Wohlergehen ist.

Der schlaue Organizer wird bei dem Versuch, Menschen zu erreichen, nicht in Sack und Asche abseits stehen und bestimmte Lebensabschnitte und Traditionen als Hindernisse seiner Arbeit beweinen. Jeder sollte sich an den Grundsatz des Organisierens erinnern, dass jedes Hindernis bestimmte Vorteile in sich birgt. (...)

Wie man Habgier für eine gute Sache nutzbar machen kann, zeigen anschaulich die Erfahrungen eines erfolgreichen Organizers:

Wir hatten im Viertel gerade mit der Arbeit begonnen und einige Verbände zusammengebracht, als ich Mr. David aufsuchte. Mr. David lebte seit vielen Jahren als Gemüse- und Obsthändler im Viertel. Während der ganzen Zeit hatte er es vermieden, sich für irgendeine soziale Sache einzusetzen oder bei einer Gruppe im Viertel mitzumachen. In vielerlei Hinsicht war er ein für diese Gegend typischer Geschäftsmann. Ich erzählte ihm, dass wir eine Basisorganisation aufbauen wollten, um einige der Probleme im Viertel anzugehen, so auch das, dass viele Kinder dort fehlernährt, schlecht gekleidet waren und leicht auf die schiefe Bahn gerieten. Während des ganzen Gesprächs hatte Mr. David die Hand in seiner rechten Hosentasche, in der er offensichtlich an Geldscheinen herumfummelte, und seine Augen wanderten im Laden herum. Seine ganze Verhaltensweise verriet mir, dass er mich für einen weiteren Weltverbesserer hielt, und sobald ich meinen Spruch heruntergebetet hätte, würde er mir einen oder zwei Dollar geben und mir alles Gute wünschen. Ich wechselte plötzlich das Thema, sprach nicht mehr von den Kindern, sondern wies indirekt darauf hin, welche Konsequenzen seine Mitarbeit in der Organisation hätte. Und dann passierte es. Seine Augen leuchteten wie Neonlichter auf, man konnte fast sehen, wie sich in seinem Kopf die Zahnräder wie in einem Zeichentrickfilm von Disney drehten, und man konnte ihn denken hören, ohne dass er etwas sagen musste. Man konnte Mr. Davids Gedanken in seinem Gesicht ablesen: „Natürlich, das ist ja wunderbar. Ich werde zu dieser Versammlung gehen, vor all diesen Gewerkschaftsführern, Pfarrern, Priestern und Vertretern der verschiedenen Nationalitätengruppen aufstehen und sagen: ‚Schon seit Jahren blutet mein Herz, wenn ich die armen Kinder in unserem Viertel sehe, wie sie herumlaufen müssen, und während all dieser Jahre konnte ich nichts dagegen tun, weil es nie eine wirkliche Basisorganisation gab, eine unseres Viertels. Ja, es stimmt schon, dass es viele wohlmeinende Leute gab, die etwas unternehmen wollten, aber sie wussten nicht, worum es ging, und sie haben sich eigentlich nicht um die Menschen hier gekümmert. Allen ist das bekannt. Und so konnte ich wenig ausrichten, aber jetzt, jetzt haben sich die Menschen hier selbst zusammengetan, und jetzt, wo ich jemanden habe, mit dem ich zusammenarbeiten kann, ist mein Herz erfüllt von Glück, und ich, Joseph David, werde dieser Organisation helfen, nicht nur mit Geld, sondern mit allem, was ihr wollt, und ich spende hiermit 300 Dollar für diese Bewegung!'"

Mr. David dachte sich: „Und wo könnte ich bessere Geschäftsverbindungen knüpfen als bei dieser Versammlung? Solch eine Werbung kann ich nirgendwo anders machen. Natürlich, immer wenn jemand einkaufen geht und seinen Gewerkschaftsführer, Pfarrer, Priester, Rabbi, den Vorsitzenden des Kegelvereins trifft, wird der ihm sofort sagen, er soll sein Gemüse bei mir kaufen. Sie werden sagen: ‚Geh zu David! David ist ein feiner Kerl. Er interessiert sich nicht nur für sein Geschäft. Er gehört zu uns, arbeitet und kämpft an unserer Seite!' Das ist wunderbar."

Daraufhin wandte sich David an mich und meinte: „Ich werde heute Abend zu dieser Versammlung kommen." Unmittelbar nachdem ich Davids Geschäft verlassen hatte, ging ich über die Straße zu Roger, der auch einen Gemüse- und Obstladen hatte, und sprach mit ihm genauso. Roger hatte einen doppelten Ansporn für sein Erscheinen. Zunächst war das Davids Absicht, zu kommen, und dann wollte Roger sicherstellen, dass David ihm nicht einen Teil seines Geschäfts wegnahm.

An diesem Abend hatten wir bei der Versammlung ein paar Leute, die man als unsoziale Kerle bezeichnen kann, denn sie waren kein bisschen interessiert am Wohlergehen der Menschen im Viertel. Ihr einziges Interesse bestand darin, so viel Werbung wie möglich zu treiben, Wohlwollen zu zeigen und schließlich das größtmögliche Geschäft zu machen. Sie waren gekommen, um geschäftlich zu investieren.

Im Laufe der Versammlung standen sowohl David als auch Roger auf und hielten Reden ganz im Sinne dessen, was sie sich am Nachmittag gedacht hatten. Beide spendeten äußerst großzügig. Da sie ein so großes Interesse am Wohlergehen unserer Kinder bekundeten, beriefen wir sie ins Kinder-Komitee. Wieder glaubte ich ihre Reaktion erraten zu können: „Nun, ich habe eigentlich alles erledigt, weswegen ich hierhin gekommen bin, aber jetzt haben sie mich in dieses Komitee gesteckt, sodass ich ein paar Mal zu den Treffen hingehen und dann von der Bildfläche verschwinden werde. Schließlich will ich nicht mein Leben in Komitees zubringen!"

Als Teil ihrer ersten Aufgabe wurden die Mitglieder des Komitees in einige Blocks an der West Side im Viertel geschickt. Dort trafen Roger und David persönlich mit den Kindern zusammen, über die sie Reden geschwungen hatten. Sie trafen sie von Angesicht zu Angesicht und redeten sie mit ihren Vornamen an. Sie sahen die Kinder als lebendige Menschen in dem Schmutz und Elend dessen, was die Kinder „Zuhause" nannten. Sie merkten die Freundlichkeit, die Schüchternheit und die innere Würde, die in allen Menschen ist. Sie sahen die Kinder des Viertels zum ersten Mal in ihrem Leben. Sie sahen sie nicht als kleine graue Schatten, die an ihrem Geschäft vorbeihuschten. Sie sahen sie nicht als statistische Zahlen, nicht als unpersönliche Diskussionsthemen, sondern als menschliche Wesen. Sie lernten sie kennen, und es entwickelte sich ein herzliches, menschliches Verhältnis. Sowohl Roger als auch David zeigten bei dieser Erfahrung den Zorn von jemandem, der plötzlich entdeckt, dass im Leben viele Dinge nicht in Ordnung sind. Einer der beiden verurteilte heftig die Umstände, die einen Fortbestand von Bedingungen dieser Art erlaubten. Heute zählen diese beiden Personen zu den größten Verfechtern kooperativer Organisationen.

Hätte man sie ursprünglich gebeten, aus purem Idealismus mitzumachen, hätten sie das zweifellos abgelehnt. Hätte man die Arbeit als kooperativ bezeichnet, wäre sie als radikal verschrien worden.

Genauso wie sich Individualismus und Eigennutz von einem Hindernis zu einem Vorteil verwandeln lassen, kann der Konkurrenzgeist genutzt werden, um Zusammenarbeit zu entwickeln. Dieses Element wird ebenfalls in der Geschichte von David und Roger deutlich, besonders in Rogers Fall, der zu der Versammlung kam, um sicherzustellen, dass David nicht seinem Geschäft schadete. Diese Kraft der Konkurrenz lässt sich in der Arbeit mit unterschiedlichen Organisationen nutzen. Nachdem ein Anfang gemacht ist, kann man an verschiedene Organisationen einen Appell richten, in dem man deutlich macht, dass einige ihrer Konkurrenten nun Mitglied der Basisorganisation sind und dass der Organizing-Prozess seine ganze Stärke voll entwickelt und seine Macht natürlich allen Mitgliedsorganisationen zugutekommt. Dadurch werden die Mitgliedsorganisationen stärker und zu Leadern im Viertel, zum Nachteil derjenigen, die nicht zur Organisation gehören. (...)

Viele Personen und Verbände bringen sich anfangs in die Organizing-Struktur ein, um dadurch ihre persönlichen Wünsche nach Macht und Geld zu befriedigen. Es wird immer eine ausreichende Zahl von ihnen geben, die nur aus diesem Grund mitmachen, sodass sie sich wirksam gegenseitig in Schach halten und entdecken werden, dass der einzige Weg, auf dem sie vorankommen, der ist, wenn die ganze Gruppe Fortschritte erzielt. In einem Viertel ging das auf folgende Weise vor sich:

„Viele unserer Geschäftsleute und eine Anzahl unserer Verbände, zu denen auch einige religiösen Communities gehörten, beteiligten sich nur an der Organisation, um ihren Konkurrenten eine Schlinge um den Hals zu legen. Was passierte? Wir hatten zahlreiche Gruppen und Personen, die anderen eine Schlinge um den Hals gelegt hatten, sodass keiner wagte, seine Schlinge fester zu ziehen, weil die anderen an der ziehen könnten, die er selbst um den Hals hatte. Natürlich besteht eine Aufgabe der Organisation darin, alle Schlingen zu solch einem komplizierten Knoten zu binden, dass niemand wagt, am Strick zu ziehen.

Letzten Endes werden alle diese Leute und Verbände feststellen, dass sie die Ziele, die sie verfolgen, in den gemeinsamen Topf legen müssen und der einfachste und beste Weg, sie zu verwirklichen, der ist, mit der ganzen Gruppe zusammenzuarbeiten, sodass die ganze Gruppe den ganzen Topf bekommen wird. Nach einer Weile ist die Sache bei Weitem nicht mehr so kompliziert, denn wenn sich die Leute wirklich kennen lernen, vergessen sie alle die Schlingen, und sie halten zusammen, weil sie es wollen, weil sie die anderen schätzen, weil sie sich um das Wohlergehen des anderen kümmern und weil sie mittlerweile wissen, dass das Wohlergehen des anderen ihr eigenes Wohlergehen bedeutet."

Eine häufige Ursache für das Scheitern von Organizing-Kampagnen ist in einem mangelnden echten Respekt vor der Würde des Menschen zu sehen. Einige Organisationen fühlen sich den Menschen, mit denen sie arbeiten, innerlich überlegen. Ein Organizer, der sich für etwas Besseres hält, kann trotz all seiner Geschicklichkeit und all seiner Beteuerungen, er glaube an die Gleichheit des Menschen, seine wahre Einstellung nicht verbergen. Er wird sich wiederholt durch Gesten, Ausdrücke oder den Unterton seiner Stimme verraten. Menschen kann man nicht ständig täuschen. Selbst wenn dieser Organizer sympathisch auftritt, ist es eine berechnende Form der Sympathie, die den Menschen bewusst wird.

Ein Organizer, der die Menschen wirklich mag, wird sie instinktiv respektieren. Er wird Erwachsene nicht wie Kinder behandeln. Er wird die größte Rücksicht auf den Stolz und die Gefühle derer nehmen, die er zu organisieren versucht. (...)

Der Organizer sollte zu allen Zeiten Einzelne und Gruppen im Zusammenhang mit ihrer gesamten sozialen Situation sehen, in der sie sich befinden. Dieser Gedanke sollte so gründlich verstanden und akzeptiert werden, dass er Teil des Organizers wird, damit er nie Einzelne nur als Einzelne oder Gruppen nur als Gruppen sieht, sondern als Bestandteile einer gesamten sozialen Situation. Er weiß, dass sich Einzelne und Gruppen ihrer sozialen Situation anpassen müssen, weil sie mit ihr zu leben haben. Er weiß, dass Meinungen, Reaktionen und Verhalten von Personen und Gruppen zu einem großen Teil durch das bestimmt wird, was ihre unmittelbare Umgebung denkt. Jene Organizer, die dieses Verhältnis zwischen einzelnen Gruppen und ihrer Umgebung nicht durch und durch verstehen, werden nie den ersten Tag einer Organizing-Kampagne überleben. Was sie tun werden und was sie getan haben, ist, ihre eigene kleine soziale Situation zu schaffen, an die sie sich anpassen können – aber nicht die Bevölkerung. (...)

Organizer, die die Verbindung zwischen Personen, Gruppen und ihrer Umgebung streng beachten, besitzen eine äußerst wichtige Waffe, die bei der Überwindung der Hindernisse beim Aufbau einer Organizing-Struktur eingesetzt wird. Selbst in solchen Extremfällen, wo trotz aller Taktiken, Manöver und des Drucks auf den Einzelnen alle Bemühungen des Organizers von Misserfolg begleitet sind, wird das Verständnis des Organizers für die Bedeutung des Verhältnisses zwischen dem Einzelnen und der sozialen Situation ihm zahlreiche Erfolgsmöglichkeiten bieten. Er weiß, dass er im Falle anfänglichen Scheiterns eine neue soziale Situation schaffen und den Einzelnen mit ihr konfrontieren muss; sobald dieser sich in die neue Situation begibt, muss er sich notwendigerweise anpassen. Diese Anpassung ist die Lösung für das ursprüngliche organizerische Hindernis. Ein solcher Fall taucht im folgenden Bericht auf:

In einem Viertel im Osten der USA befreundete ich mich mit George Sherry, der einer der mächtigsten Gewerkschaftsführer in dieser Stadt war. Er mochte mich sehr gern, und er selbst war wirklich ein netter Kerl. Die Schwierigkeit war, dass ich George nicht für die Basisorganisation interessieren konnte, während ich alle anderen zum Beitritt gebracht hatte. Jedes Mal, wenn ich ihn sah, lud er mich zum Abendessen ein, und anschließend nahm er mich zu einem Nachtlokal mit, wo er sich seiner Leidenschaft, dem Striptease, hingab. Jedes Mal, wenn ich begann, über den Organizing-Prozess zu reden, wechselte George das Thema.

Nachdem es einige Wochen so gelaufen war, trafen wir uns eines Abends wieder zum Essen, und ich schlug ihm vor, der Organisation beizutreten. George wurde sehr wütend, erhob seine Stimme und schrie: „Sieh mal, Dave, ich mag dich sehr gern. Du bist ein großartiger Kerl. Immer, wenn wir zusammen sind, verbringen wir eine bombige Zeit, aber jedes Mal fängst du an, über die Organisation blöd herumzuquatschen, und eins sage ich dir: Du gehst mir damit auf die Nerven. Mich interessiert das nicht, und wenn du noch einmal deine dämliche Klappe deswegen aufreißt, nur ein einziges Mal, dann ist es aus mit uns, und, Dave, das ist mein Ernst!"

Das hatte ich gemerkt. In jener Nacht bin ich, ich weiß nicht wie lange, durch die Stadt geirrt. Ich versuchte mir vorzustellen, wie ich ihn in die Organisation bekommen würde. Erst nach fünf Uhr morgens kam ich zum Hotel zurück, und ich hatte immer noch keine Antwort gefunden. Dann fiel mir plötzlich etwas ein. Ich war mir nicht sicher, was es genau war, aber es war eine Art halber Gedankengang in meinem Hinterkopf über irgendetwas, was mir einmal passiert war oder was ich als Kind gelesen hatte. Am Morgen rannte ich zur Stadtbücherei und schaute mir eine Menge Bücher an, die ich als junger Kerl gelesen hatte. Ich überflog sie, als mir auf einmal eine Idee durch den Kopf schoss. Ich wusste, was ich tun musste. Es könnte fehlschlagen, aber es gab kein besseres Pferd, auf das ich setzen konnte.

Ich rief zwei von Georges Freunden an, die bereits Teil der Organizing-Struktur waren und sie begeistert unterstützten, und sagte zu ihnen: „Schaut, ihr wollt, dass George Sherry in die Organisation eintritt, oder?“ Beide antworteten: „Sicher, aber wir haben die Hoffnung längst aufgegeben.“ Ich sagte: „Hört mal zu, vielleicht klappt es doch. Spielt ihr mit?“ Sie erwiderten: „Natürlich, worum geht's?“ Ich sagte: „Es ist ganz einfach, und alles, was ich von euch verlange, ist Folgendes: Ich rufe George an und frage ihn, ob er heute Nachmittag mit uns zum Fußballspiel geht. Ich kenne jemanden, der uns gute Karten besorgen kann. Alles, was ich von euch will, ist, dass immer dann, wenn das Spiel spannend wird, wenn es nach einem Tor riecht, ihr euch nicht ums Spiel kümmert und anfangt, miteinander zu flüstern. Und jedes Mal, wenn George zu euch meint, was ihr die ganze Zeit zu flüstern hättet, schaut ihr ihn so an, als sei es euch ein wenig unangenehm, und sagt, dass ihr gerade über so eine Geschichte mit dem Organizing-Prozess redet, aber er hätte euch ja gesagt, ihr solltet nicht in seiner Gegenwart darüber sprechen, deshalb hättet ihr nur miteinander geflüstert. Also, das macht ihr das ganze Spiel. Danach gehen wir vier in einem Nobelhotel essen, und während des ganzen Essens steckt ihr beide eure Köpfe zusammen. Immer, wenn George euch fragt, was ihr zu flüstern habt, gebt ihr ihm wieder voll Stoff: dass ihr versprochen hättet, nicht in seiner Gegenwart über die Organisation zu sprechen, deshalb hättet nur ihr beide euch unterhalten, und außerdem gebe es einige Dinge über diese Organisation, die seien vertraulich, und da er ja nicht Mitglied sei, könntet ihr sowieso nicht laut darüber reden. Danach gehen wir zum Take 'Em Off Club und gucken uns einige Striptease-Tänzerinnen an, und je mehr die sich enthüllen, umso intensiver führt ihr eure kleine Privatkonferenz fort. Habt ihr das verstanden?“ Sie sagten: „Sicher, aber glaubst du, dass es funktioniert?“ Ich antwortete: „Ich denke schon. Ich bin mir nicht sicher, aber es ist den Versuch wert.“

An dem Nachmittag gingen wir zum Fußballspiel. Jedes Mal, wenn sich George wieder hinsetzte, nachdem er bei dramatischen Spielzügen gebrüllt hatte, sah er seine zwei Freunde, wie sie ihre Köpfe zusammensteckten und geschäftig miteinander flüsterten. Am Anfang war seine Reaktion: „Hey, habt ihr den Spielzug nicht gesehen?“ Gegen Ende der Partie hatte es sich geändert zu einem „Was zum Teufel ist euch Kerlen so wichtig, dass ihr das halbe Spiel verpasst? Warum seid ihr überhaupt hier hergekommen?“

Beim Essen reagierte er so: „Was ist, verdammt noch mal, so wichtig, dass ihr euch alle zehn Minuten in Ecken verkriecht?“ Beim Striptease sagte er: „Hört mir mal zu, vielleicht kann ich euch helfen, wenn ihr mir sagt, worum's geht“, und dann flehend: „Seit wann habt ihr beiden Kerle denn Geheimnisse vor einem alten Freund?“

Was wir bis dahin hatten, war eine neue Situation oder eine neue kleine Gesellschaft, zu der George nicht gehörte. Die Aufgabe war, George dieser neuen Situation auszusetzen. Was ihn auf die Palme brachte, war die Tatsache, dass er erstens von etwas ausgeschlossen war und zweitens durch diesen Ausschluss wichtige Dinge verpasste. Anders ausgedrückt: George war es gewohnt, als Autorität in seiner Gewerkschaft und in seinem Viertel angesehen zu werden, aber hier war eine andere kleine Gemeinschaft geschaffen worden, und George war nicht nur nicht der Anführer, sondern er wurde darüber hinaus ignoriert. Er wollte dabei sein, und falls er sich in die neue kleine Situation begeben würde, müsste er sich ihr anpassen. Hineinbegeben hieß mitmachen, und Anpassung hieß, das Programm zu akzeptieren und Teil der Organisation zu sein. Der folgende Zeitungsartikel, der übrigens auf der Titelseite erschien, erzählt das Ende der Geschichte:

„George Sherry, der bekannte Gewerkschaftsführer unserer Stadt, hat heute offiziell die Zusammenarbeit seiner Gewerkschaft mit der neuen Organisation bekanntgegeben. Sherry erklärte: ‚Als Vorsitzender einer Gewerkschaft mit 22 000 Arbeitern bin ich froh, unsere Zusammenarbeit mit der Organisation öffentlich bekanntzugeben. Es ist meine Überzeugung, dass jeder Mitglied werden und sich am Kampf für ein besseres Amerika beteiligen sollte. Ich bin stolz, meinen Platz Schulter an Schulter mit diesen großen Führern in der Basisorganisation einzunehmen.'"

So wie die Abhängigkeit des Einzelnen von seiner sozialen Situation genutzt werden kann, ihn zum Beitritt zur Organisation zu bewegen, lässt sie sich nicht nur nutzbar machen, um das Verhalten des Einzelnen zu beeinflussen, sondern auch, um die soziale Situation selbst zu verändern. Im vorangegangenen Fall berichtete der Organizer von der Schaffung einer neuen Situation und der Einbeziehung des Einzelnen in diese Situation. Der Fall, von dem jetzt die Rede sein soll, präsentiert ein kompliziertes Bild, aber die grundlegende Taktik, die angewandt wird, ist vergleichbar mit der im Fall des George Sherry. Der Bericht über Honest John (den ehrlichen John) vermittelt ein klares Verständnis seiner sozialen Situation aus der Sicht seiner Mitmenschen, der sozialen Situation, in der seine Kinder leben, und der gesamten sozialen Situation des Viertels. Das Verständnis der örtlichen Leader für die wechselseitigen Beziehungen zwischen diesen Situationen führte zu einer Vorgehensweise, die nicht nur Honest Johns eigene Position grundlegend beeinflusste und die Situation seiner Kinder betraf, sondern auch die Lösung eines ernsten Problems für das Wohlergehen des gesamten Viertels darstellte:

In einem Viertel, in dem eine Organizing-Struktur aufgebaut worden war, war diese Organisation mit einer Reihe von ernsten Problemen konfrontiert, darunter eines, das seit vielen Jahren ein Dorn im Auge des Viertels gewesen war. In dieser Gegend gab es eine große Zahl von Spielhallen, die hauptsächlich von Leuten von außerhalb betrieben wurden. Nicht das Glücksspiel selbst beunruhigte die Menschen, wohl aber die Tatsache, dass viele der Jugendlichen im Viertel im Alter von 14 bis 19 Jahren diese Spielhöllen regelmäßig besuchten und dort ihr Geld ausgaben.

Jahrelang hatten Behörden und viele Gruppen versucht, mit diesem Problem fertig zu werden, und sie waren alle gescheitert. Ein Komitee der Basisorganisation gegen Kriminalität nahm sich der Sache an. Ein Mitarbeiter erstattete folgenden Bericht:

„Wir wussten, dass etwas mit unseren Kindern, die in diese Spielhöllen gingen, passieren musste. Deshalb riefen wir zu einem besonderen Strategietreffen auf und schätzten die Situation ein. Wir wussten, das John Jones Besitzer all dieser Spielhöllen war, und deshalb nahmen wir uns John Jones etwas genauer vor. Wir besaßen die Informationen über ihn, die wir über jeden im Viertel haben. Schließlich leben wir hier und bekommen alle möglichen Informationen. Nicht solch ein Zeug, das aus Nachforschungen, wie man das nennt, herauskommt, sondern das, was Mrs. Clancy Mrs. Smith am letzten Montag über die Wäscheleine zurief, was Jones' bester Freund zu Pete sagte, dem Kellner in der Kneipe, als er schon einige intus hatte, was Jones' Frau ihrem Pfarrer erzählte und – na ja, der richtige Stoff! Wir haben all dies ausgewertet, und dann nahmen wir ihn ins Visier.

Falls wir versuchten, etwas gegen die Spielhöllen zu unternehmen, bedeutete dies, Honest John Jones anzugreifen. Indem wir Honest John kurz unter die Lupe nahmen, wie ich erzählt habe, fanden wir heraus, was er vom Leben erwartete. Das ist der Knackpunkt. Wenn man weiß, was ein Kerl vom Leben erwartet, dann weiß man auch, wie man ihn in den Griff bekommt. Dann kann man gute Arbeit leisten.

Nun, bei der kurzen Inspektion des Lebens von Honest John schauten wir auf das, was viele Leute das Gesamtbild nennen. Honest John hatte zwei Kinder, ein Mädchen, 13 Jahre alt, und einen Jungen, bald elf. Diese beiden Kinder waren die Antwort. Wir wußten, dass sich Honest John um eines Sorgen machte: was mit seinen beiden Kindern geschehen würde, wenn sie in die weiterführende Schule kämen. Jeder weiß, Kinder in der weiterführenden Schule sind älter und gewiefter, sie wissen, was los ist, und sie fangen an, sich eine Vorstellung von dem zu machen, worum es im

Leben geht. Nun, uns war bekannt, dass Honest John sich um eines sorgte: Wenn seine Kinder in die weiterführende Schule kämen, würden sie erstmals in ihrem Leben andere Kinder zu sich sagen hören: ‚Dein Vater ist ein Gangster', ‚Dein Vater ist ein Geschäftemacher.' Honest John wollte aber eines ganz besonders sein: eine angesehene Person. Abgesehen davon hatte er reichlich Kohle gemacht und er hatte genug, um bequem damit für den Rest seines Lebens auszukommen. Aber was nützte ihm all die Kohle, wenn sich seine Kinder seiner schämen mussten? Er brauchte Ansehen, und wie er das brauchte.

Nun, da wir wussten, was Honest John wollte, waren wir an dem Punkt, wo wir ein wenig handeln konnten. Schließlich ist das Demokratie, oder? Geben und nehmen. So fingen wir an. Wir weckten Johns Interesse für die Organisation. Er stellte sich ein bisschen stur an, und ihm schien alles Kinderkram und Betbruder-Geschäfte zu sein, aber immerhin waren wir seine Nachbarn und nicht ein Haufen dahergelaufener Weltverbesserer, und so begann er, mit uns loszuziehen, und wir fingen dann an, ihn mit Ansehen zu füttern. Auf einmal saß er in Restaurants mit den Pfarrern des Viertels zusammen, mit Gewerkschaftsführern, wichtigen Geschäftsleuten, Priestern und all solchen Leuten, die angesehen waren. Und das gefiel ihm!

Ein paar Wochen vergingen, und dann spielten wir unseren Trumpf aus. In einem der exklusivsten Clubs der Stadt sollte ein großartiges, riesiges, wichtiges Essen geschmissen werden, und zwar für irgendeinen großen, berühmten Bonzen, der in die Stadt gekommen war. Unsere Organisation ist, wie man weiß, ganz schön groß und stark, sodass uns die großen Tiere in der Stadt eine Einladung schickten, mit ein paar Vertretern am Empfang teilzunehmen. Wie es weiterging, brauche ich wohl nicht zu sagen. Wir wählten Honest John als einen unserer Vertreter aus. Er ging zum Empfang und saß neben einem der berühmtesten Burschen im Land, einem persönlichen Freund des Präsidenten der Vereinigten Staaten. Ein Foto wurde geschossen, auf dem er inmitten all dieser Bonzen zu sehen ist, und es hängt nun in seinem Büro. Nicht für Geld und gute Worte könnte man ihm dieses Foto abkaufen.

Am nächsten Tag machten wir Honest John zum Vorsitzenden des Komitees gegen Kriminalität. Herrje, Sie hätten das Gekreische der Heinis im Sozialamt hören sollen! Aber wir wussten, was wir taten. Im Komitee wurde natürlich das Thema behandelt, wie man die Jugendlichen aus den Spielhöllen heraushalten könnte, und Honest John sagte: ‚Oh, lasst uns zum nächsten Punkt übergehen. Ich habe eine Idee, wie all das morgen geregelt wird.' Nun, am nächsten Tag war alles geregelt. In allen Spielhallen wurden Schilder wie dieses aufgehängt: ‚Jede Flasche unter 21 zeigt seine Fresse hier lieber nicht, sonst wird sie ihm eingeschlagen. gez. Honest John

P.S. Und ich kenn' das Alter von jedem von euch Schwächlingen.'

Und damit war die Sache geklärt. Damit war das Problem erledigt. Aber Honest John entlohnte uns weiter. Er war so um sein Ansehen besorgt, dass er nach und nach die Spielhallen schloss und Nachtlokale eröffnete, und heute ist er einer der besten Leader, die wir in der Organisation haben." (…)

Für uns ist an dieser Stelle wichtig, dass dem Ich aller Individuen eines gemeinsam ist: die persönliche Einschätzung des Standortes, den sie im sozialen Gefüge einnehmen. Mit wenigen Ausnahmen glauben Menschen, dass sie Ansehen und Anerkennung in ihrem Viertel besitzen. Jugendträume – ein Filmstar, Spitzensportler, großer Politiker oder was auch immer zu werden – enden nicht mit der Jugendzeit, sie verlieren nur an Intensität. Diese Träume drücken die innere Sehnsucht des Menschen aus, der nach einem Platz an der Sonne hungert, vorzugsweise einem guten Platz. Sie wünschen sich, von anderen bewundert zu werden oder dass andere zu ihnen aufsehen. In ihren Fantasien sind sie sehr tapfere und großartige Menschen.

Das Verständnis der Persönlichkeitsmechanismen, die im Einzelnen ablaufen im Hinblick auf seinen Status innerhalb der Gruppe, seine persönliche Einschätzung seiner Rolle und seine inneren Sehnsüchte, dass seine eigene Einschätzung seines Status eines Tages von seiner Gruppe übernommen wird – dieses Verständnis bietet wichtige Möglichkeiten, die beim Aufbau von Organizing-Strukturen genutzt werden können.

Diese Art des Verständnisses von Persönlichkeitsmechanismen war hilfreich bei der Überwindung eines schwierigen Problems in einem Viertel im Osten der USA, wo der Organizer erkannt hatte, dass keine echte Basisorganisation aufgebaut werden konnte, solange eine große religiöse Community und eine sehr große Gewerkschaft nicht zusammengebracht werden konnten. Nur die Zusammenarbeit der beiden würde die Grundlage einer machtvollen Bewegung schaffen, und beide waren so wichtig im Leben der Gegend, dass der Organizing-Prozess zum Scheitern verurteilt gewesen wäre, falls eine der beiden sich geweigert hätte, mitzumachen. Was die Situation noch verschlimmerte, war, dass der Priester der Community wiederholt und öffentlich die Gewerkschaft als kommunistisch attackierte, wobei sich seine Feindseligkeiten auf den Gewerkschaftsführer konzentrierten, den wir hier Mr. Red Rowe nennen wollen. Red Rowe war nach seinem eigenen Eingeständnis Kommunist, und er galt bei den Leuten in den Betrieben, die er organisiert hatte, als kämpferischer, ehrlicher Arbeiterführer. Red Rowe hasste den Priester der Community, und privat nannte er ihn „einen stinkenden faschistischen Reaktionär", obwohl er es nicht als höflich ansah, zu den Angriffen des Priesters öffentlich Stellung zu nehmen. Hier der Bericht des Organizers über die angewandten Taktiken, um mit diesem Problem fertig zu werden.

Es war folgendermaßen: Die wichtigste Aufgabe, die erledigt werden musste, um den Organizing-Prozess auf die Beine zu stellen, war, diese religiöse Community und diese Gewerkschaft zusammenzubekommen. Denn das waren die beiden mächtigsten Organisationen im Viertel. Ich bat Red Rowe, zur ersten Versammlung zu kommen, an der einige der örtlichen Leader teilnehmen sollten, und ich lud auch diesen Priester ein. Keiner der beiden wusste, dass der andere kommen würde. Ich holte den Priester von der Kirche ab und nahm ihn zur Versammlung mit. Als wir durch die Tür zum Versammlungsraum kamen, sah der Priester Red Rowe in der ersten Reihe sitzen. Er drehte sich zu mir um und zischte: „Red Rowe, dieser Kommunist, ist da. Keine Macht der Welt kann mich dazu bringen, im gleichen Raum mit diesem Atheisten Red zu sitzen!" Er ging raus. Ich folgte ihm und flehte ihn an, trotzdem in den Saal zu kommen. Doch er weigerte sich unerbittlich. Schließlich machte ich einen letzten Versuch. Ich sagte: „Lieber Priester, ich bin überrascht, dass Sie Angst vor ihm haben." Der Priester wandte sich um und brüllte: „Was soll das heißen? Ich habe vor niemandem Angst." Ich erwiderte: „Alles, was ich weiß, ist, dass Red Rowe immer noch da sitzt und Sie weglaufen." Der Priester schrie vor Wut: „Ich dachte, ich täte Ihnen einen Gefallen. Sie sagten, Sie wollten die Menschen zusammenbringen, damit sie Freunde würden. Wissen Sie, was ich jetzt mache? Ich gehe in diese Versammlung, und ich werde Red Rowe als Kommunisten anprangern, und das dürfte sich kaum mit Ihren Plänen vertragen. Aber das wollten Sie ja!"

Mit diesen Worten rannte der Priester in den Versammlungsraum. Mir wurde klar, dass ich zwischen zwei Stühlen saß. Wäre der Priester gegangen, würde seine Community nicht der Organisation beitreten, und das hätte bedeutet, dass wir nie eine echte Basisorganisation aufbauen könnten. Falls er andererseits in der Versammlung aufstände und Red Rowe denunzierte, dann würde Red gehen und mit ihm seine Gewerkschaft. So oder so wäre der Organzing-Prozess gescheitert. Das Einzige, was bislang erreicht worden war, war, dass der Priester sich im Versammlungsraum befand. Es blieb noch Zeit, obwohl es eine Frage von Minuten war, die Krise zu bewältigen. Ich entschied mich, das Problem auf der Grundlage des »Ich« anzugehen. Der Grund für diesen Entschluss war, dass die Ich-Taktik bereits erfolgreich gewesen war, als der Priester sich geweigert hatte, zuzugeben, dass er Angst vor Red Rowe hatte und aus dem Saal gestürmt war. Schließlich gestehen nur wenige Menschen offen ein, dass sie vor etwas Angst haben.

Red Rowe hatte gerade seine Rede vor der Versammlung beendet, in der er erklärt hatte, die Gewerkschaft wolle beim Aufbau einer Basisorganisation voll zusammenarbeiten. Nun sollte der Priester sprechen. Ich ging ans Mikrofon und hob hervor, es sei mir eine Ehre, den Priester vorzustellen. Wenn ich mich recht entsinne, hielt ich folgende Ansprache: „Seitdem ich in dieses Viertel gekommen bin, haben Sie mich genau beobachtet. Ich glaube, die meisten von Ihnen sind recht zufrieden, dass ich keine eigennützigen Ziele verfolge, doch denken Sie nicht, dass ich völlig selbstlos bin. Ich bin egoistisch genug, um auf der Ehre und dem Privileg zu bestehen, den nächsten Redner vorzustellen. Der nächste Redner ist ein Mann, der in seiner ganzen Herrlichkeit gleich hinter Gott kommt. Wäre er überzeugt, es sei im besten Interesse seiner Community, Hand in Hand mit dem Teufel zu gehen, ganz gleich, welche Farbe der Teufel hätte, würde er dies tun. Das Wohlergehen seiner Gemeinde ist für ihn weitaus wichtiger als jede seiner persönlichen Meinungen oder Gefühle. Hiermit darf ich Ihnen unseren geliebten Priester ankündigen."

Der Priester stand auf, sah sich verwirrt um, und dann ging er zu Red Rowe rüber und schüttelte ihm die Hand. Danach hielt er eine Rede, in der er die Zusammenarbeit seiner Community zusicherte.

Ich wusste allerdings, dass die Folgen dieses Manövers nicht sehr nachhaltig sein würden. Am nächsten Morgen besuchte ich den Priester in seinem Pfarrhaus, und meine Befürchtungen bestätigten sich voll und ganz. Er begrüßte mich mit finsterer Miene und knurrte dann sofort los: „Ich weiß nicht, was gestern in mich gefahren ist, aber jetzt, wo Sie hier sind, bin ich froh, weil ich Ihnen eines erzählen muss, dass ... dieser ... widerwärtige Red Rowe, dieser korrupte Kommunist ..." Ich unterbrach ihn: „Ja, deswegen bin ich ja hier. Sie wissen, dass bei unserer nächsten Versammlung bestimmte Probleme diskutiert werden sollen, und Red Rowe will wissen, welche Meinung Sie zu einem dieser Probleme haben." Der Priester murmelte vor sich hin: „Warum das ... warum sollte dieser dreckige Kommunist wissen wollen, was ich denke?" Ich entgegnete: „Ich weiß, wie Ihnen zumute ist, aber sehen Sie mal, Red Rowe schätzt Sie als Hirten Ihrer Gemeinde."

Der Priester war verwirrt und sah ein bisschen blöd aus, als er sagte: „Sie können Mr. Rowe mitteilen, dass ich der Meinung bin ..."

Anschließend ging ich rüber in das Gewerkschaftsbüro von Red Rowe. Nach einigen vorangegangenen Bemerkungen erzählte ich Red, ich wolle wissen, welche Meinung er zu einem Problem habe, das demnächst anstehen würde, weil es den Priester interessiere, dies zu erfahren. Red Rowe sprang von seinem Stuhl auf: „Warum, dieser dreckige faschistische Reaktionär, dieser Verfütterer von religiösem Opium an die Massen, was zum Teufel sollte den interessieren, welche Meinung ich habe?" Ich sagte: „Nun, ich weiß, was Sie vom Priester halten, Red, aber er glaubt, Sie seien das Salz der Erde." Red schaute plötzlich sehr beunruhigt drein. Dann meinte er: „Natürlich machen wir alle Fehler, und einige glauben alles, was sie hören, und ich bin sicher, dass vieles Falsche über diesen Priester gesagt worden ist. Sagen Sie ihm, dass ich der Ansicht bin …"

Innerhalb von vier Wochen nach dieser Episode hatte dieser Gewerkschaftsführer dem Programm der Kirchencommunity die uneingeschränkte Unterstützung seiner Organisation zuteil werden lassen, und der Priester leitete eine Organizing-Kampagne der Gewerkschaft. Heute schmunzeln sie und lachen über ihre frühere Einstellung. Nachdem sie begonnen hatten, zusammenzuarbeiten, und anfingen, sich kennen zu lernen, änderte sich nicht nur ihr Verhalten, es änderten sich auch ihre Beweggründe. Heute ist dieser Priester einer der forschesten, informiertesten, uneigennützigsten Freunde der Gewerkschaften, und Red Rowes Meinung über Kirchen hat sich grundlegend geändert. (…)

Die Beachtung und das Verständnis der unerhörten Bedeutung der persönlichen Identifikation ist unentbehrlich beim Aufbau von Organizing-Projekten. Persönliche Identifikation ist der springende Punkt und das Herz der Organisierung (…). Das Prinzip der persönlichen Identifikation verschafft dem Organizer, sofern er es bewusst und überlegt anwendet, einen äußerst wichtigen Rahmen, in dem er eine unbegrenzte Vielfalt von Taktiken entwerfen und planen kann. (…)

Der Organizer sollte immer bedenken, dass die persönliche Identifikation sich in vielen indirekten Formen ausdrückt. Daran muss er vor allem denken, wenn er erstmals vor einer neuen Gruppe spricht, ganz gleich, um welche Organisation es sich auch handeln mag. Regelmäßig wird er feststellen, dass es nach seiner Vorstellung der Ziele des Organizing-Prozesses und dem Vorbringen aller ihm zur Verfügung stehenden Argumente, um diese neue Gruppe für den Beitritt zu interessieren, immer eine bestimmte Zahl von lauten, heftigen Einwänden geben wird – sowohl gegen die geplante Basisorganisation als auch gegen die Argumente, die der Organizer vorgebracht hat. Der Organizer, der die Bedeutung der persönlichen Identifikation vergisst, wird versuchen, allen Einwänden mit Mitteln der Logik und Vernunft zu begegnen. Von wenigen Ausnahmen abgesehen ist dies ein hoffnungsloses Unterfangen. Der Grund, warum dies sinnlos ist und der Organizer es nicht schafft, mit dieser Opposition fertig zu werden, liegt darin, dass er nicht das System der Beziehungen und persönlichen Identifikationen in Betracht zieht, das es in allen Gruppen gibt.

Wann immer ein Organizer vom Vorstand eingeladen wird, sollte er nie vergessen, dass es in allen Gruppen Cliquen gibt. Unter den Zuhörern sitzt eine Person, die bei den Vorstandswahlen dem augenblicklichen Amtsinhaber unterlegen war. Das gilt für alle, die ein Amt innehaben. Es gehört zur besten amerikanischen Tradition, dass ein unterlegener Kandidat dem Sieger seine volle Unterstützung zusagt, aber zu den unbestrittenen menschlichen Traditionen gehört auch, dass beim Verlierer eine gewisse Bitterkeit und Enttäuschung zurückbleibt, die er indirekt zum Ausdruck bringen wird, wenn sich eine Möglichkeit dazu bietet.

Der Organizer hält sich selbst für einen Gastredner, aber für den geschlagenen Kandidaten spielt er eine ganz andere Rolle. Er ist von den augenblicklichen Amtsinhabern eingeladen worden und wird mit ihnen identifiziert, deshalb bietet er ein ideales Angriffsziel für die andere Fraktion. Wenn sie die Position des Organizers angreift, attackiert sie in Wirklichkeit den Vorstand, der mit seiner Einladung zumindest teilweise zu verstehen gegeben hat, dass er dem Organizer zustimmt. Zur gleichen Zeit hält die Opposition die amerikanische Tradition des guten Verlierers aufrecht, da ihr Angriff nicht auf den Vorstand selbst zielt.

Dem Organizer, der sich bewusst ist, dass er mit dem Regime identifiziert wird, bleiben zwei Möglichkeiten. Entweder wird er in seiner Eingangserklärung sich selbst von denen abgrenzen, die ihn eingeladen haben, oder er wird keinen Versuch unternehmen, auf die Angriffe der Opposition einzugehen, sondern warten, bis der offizielle Teil der Versammlung vorüber ist, um dann ein persönliches Verhältnis zur Opposition aufzubauen und ihr zu verstehen zu geben, dass sie genauso wichtig wie der Vorstand des Verbandes ist. Er wird sie überzeugen, dass er nicht an irgendeine Clique gebunden ist, auch nicht an den augenblicklichen Vorstand.

Die zweite Möglichkeit sollte der ersten vorgezogen werden, weil die öffentliche Abgrenzung von denen, die einen eingeladen haben, eine delikate Angelegenheit ist und mit außerordentlich viel Fingerspitzengefühl gehandhabt werden muss. Der kleinste Schnitzer, und schon kann sich der Organizer in der Position dessen wiederfinden, der sich so erfolgreich vom Vorstand, der ihn eingeladen hat, abgrenzt, dass er sogar seine Unterstützung verliert. Falls sich diese Situation entwickelt, wird der Organizer in einer unmöglichen Position sein. Das Bedenkliche solcher Umstände kann man nicht überschätzen, denn auch die Opposition hasst einen Verräter, und vom Vorstand eingeladen zu werden und dann offen jede Beziehung zu ihm zu leugnen, bedeutet, eine Handlung zu begehen, die von beiden Seiten nie verziehen wird. (...)

Eine ganz andere Art von Taktik, ebenfalls von großer Bedeutung, wurde in vielen Teilen des Landes angewendet, wo Organizing-Strukturen im Entstehen waren: die Programm-Abstimmung. Sie besteht aus einem Fragebogen, auf dem oben ein Satz steht: „Falls es nach mir ginge, würde ich Folgendes unternehmen, um meine Stadt zum glücklichsten, gesündesten, schönsten und wohlhabendsten Ort der Welt zu machen." Diesem Satz folgen etwa 15 leere Zeilen, und unten auf dem Blatt ist Platz für Name und Anschrift.

In den Stadtvierteln, in denen die Fragebögen benutzt wurden, verteilte man sie auf jede nur erdenkliche Art. Sie wurden an jedes lokale Blättchen angeheftet, in den religiösen Communities, in den Gewerkschaften und allen anderen Verbänden und Gruppen verteilt. Sie wurden vor Kinos ausgegeben, bei Versammlungen und von Haus zu Haus. Sie stellten einen ersten Schritt dar, um die Zielvorstellungen von der

Bevölkerung selbst zu erfahren. Die unerhörte Bedeutung dieser Vorgehensweise war nicht im eigentlichen Zweck zu sehen, sondern in ihrer Funktion als organizerische Richtschnur und als organizerisches Mittel.

Ihr Wert als Richtschnur wurde in diesen Vierteln plastisch deutlich. Nur ein kleiner Teil der Fragebögen wurde beantwortet, aufgeführt wurden die üblichen Bedürfnisse des Viertels, und zwar ganz sachlich. Die Fragebögen enthielten kurz meist oberflächliche Probleme, etwa, die Straßen sollten sauberer werden, der Sportplatz erweitert, damit man im Winter Schlittschuh laufen könnte, die Heizung in den Umkleideräumen repariert und andere Sachen, die gewöhnlich in der Lokalpresse und in Predigten erörtert werden. Alles in allem schien es, als seien dies Probleme, die sich alle, einschließlich der Außenstehenden, ausdenken könnten, um ein Organizing-Programm darzulegen.

Der gleiche Fragebogen wurde ein Jahr später noch einmal verteilt. Diesmal unterschied sich die Reaktion im Vergleich zum ersten Mal wie der Tag von der Nacht. Ein viel höherer Prozentsatz von Fragebögen kam zurück. Statt der üblichen kurzen, sachlichen Stellungnahmen waren beide Seiten des Fragebogens vollgeschrieben, und in einigen Fällen hatten Einzelne noch zwei oder drei zusätzliche Blätter angeheftet. Die beschriebenen Beobachtungen waren emotional und wurden mit Nachdruck vertreten, und sofortige Abhilfe wurde verlangt. Die geschilderten Probleme waren tiefgreifend und grundlegend.

Der Unterschied war so gravierend, dass viele Leader im Viertel glaubten, dass diese Fragebögen den Beweis für einen anderen Punkt erbrachten: Die örtliche Bevölkerung war für solch eine lange Zeit in Apathie und Teilnahmslosigkeit versunken gewesen, dass sie vergessen hatte, ihren Mund aufzumachen. Sie war sprachlos und fast roboterhaft in ihren Reaktionen geworden. Durch die Organizing-Arbeit eines Jahres hatte sie ihre Sprache wiedergefunden und begann, selbst nachzudenken, mit der Folge, dass sich sowohl das Temperament als auch das Ziel ihrer Angriffe geändert hatte. Diese Programm-Abstimmung ist zu einem der wichtigsten Maßstäbe für die Teilnahme der breiten Masse geworden, die diesen Organizern bekannt ist.

Wie bereits erwähnt, wurde die Programm-Abstimmung als organizerisches Mittel benutzt. 1. Sie machte viele Leute darauf aufmerksam, dass ein Organizing-Projekt im Entstehen war. 2. Sie machte den Leuten unter günstigen Voraussetzungen bewusst, dass dies eine der seltenen Gelegenheiten ist, bei der sie selbst einen Beitrag bei der Formulierung des Programms einer Organisation leisten könnten. 3. Diejenigen, die genügend Interesse zeigten und ihren Namen und ihre Anschrift angaben, konnten vom Organizer persönlich angesprochen und zum Beitritt in die Organisation gebracht werden. 4. Sie gaben der Organisation im ersten Jahr einen ausreichenden Schutz gegen unterschiedliche oppositionelle Gruppen, die sie mit Beschuldigungen attackierten wie: „Diese Organisation behauptet, ihr Programm beinhalte das, was wir alle wollen. Das ist nicht wahr. Wer hatte denn die Möglichkeit, sich hinzusetzen und dieses Programm auszuarbeiten?“ Das Organizing-Komitee konnte dieser Beschuldigung erfolgreich entgegensetzen: „Dieses erste Programm ist das Ergebnis einer Umfrage, die im Viertel durchgeführt worden ist. Es beinhaltet alles aus diesen Fragebögen. Jeder hatte die Chance, das zu sagen, was seiner Meinung nach ins Programm gehört, und sollten Sie das nicht getan haben, dann deshalb, weil Sie sich nicht darum gekümmert haben oder Wichtigeres zu tun hatten, als Ihren Beitrag zum Programm zu leisten. Aber Sie hatten die Möglichkeit dazu.“

Die Vorgehensweisen und Taktiken, die in diesem Kapitel beschrieben worden sind, sind einzig und allein beim Aufbau von Organizing-Strukturen angewendet worden. Nur in einem begrenzten Ausmaß können sie von denen genutzt werden, deren Hauptinteresse die Manipulation entweder um der Manipulation selbst willen oder zur Durchsetzung undemokratischer Ziele ist. Der Gebrauch dieser Taktiken für schlechte oder eigennützige Absichten verfehlt im Grunde ihren eigentlichen Zweck. Alle bisher beschriebenen Taktiken sind letztlich bedeutungsloses Zierwerk, wenn sie nicht auf etwas Grundsätzlichem beruhen. Und diese grundsätzliche Taktik ist der feste Glaube des Organizers an die Menschen und die völlige Hingabe an diesen Glauben.

Die Menschen wissen, mit wem sie es zu tun haben, und etwas anderes zu denken heißt, die Menschen für dumm zu halten. Sie kennen die echten Absichten und Überzeugungen der anderen. Sie wissen, dass der Glaube des Organizers an die Menschen der Kiel seiner Überzeugungen ist. Sein Kiel muss so tief und so stark sein, dass unabhängig vom Wind, der gerade weht, sein Kurs und seine Ziele deutlich sind. Eigennützige, schlechte, armselige Menschen besitzen keinen Kiel von Überzeugungen und sind deshalb unfähig, den eingeschlagenen Kurs zu segeln. Für diese Art von Leuten dient Manövrieren keinem anderen Zweck als persönlicher Selbstbefriedigung. Sie können nicht gegen den Wind steuern, weil sie keinen Kiel haben. Sie sind den Kräften der Natur erbarmungslos ausgeliefert, und nichts ist erbarmungsloser als ein mit Füßen getretenes Volk, das gegen seine Ausbeuter zurückschlägt.

Diejenigen, die eine Organizing-Struktur aufbauen, können hin und her manövrieren und viele der in diesem Kapitel erörterten Taktiken anwenden. Viele Menschen werden später diese Taktiken kennen, aber in der Anfangszeit werden die Menschen an ihrem Glauben und ihrem Vertrauen in den Organizer festhalten, weil sie wissen, dass er dies und jenes aufgrund seines Glaubens an sie tut, die Menschen selbst. Ihr gemeinsames Ziel ist so gut und so klar, dass es nebensächlich ist, wenn einer bei seinem Kampf für eine Welt der Menschen gelegentlich auf krummen Wegen und durch Schatten geht.

RENATE 19 END OF THE TEENAGE
R 4 P
YO: MRS. SNUSE
VERVE
dass wir
da ware

She respe
me... it
so wonde
KEEP
THE
PRES
SURE ON
ALINSKY
RULEZ

Organizing
Die Praxis

Bildung

Im Grunde ist das Ziel, das jede demokratische Bewegung anstreben muss, das große Ziel der Demokratie schlechthin: Bildung für alle. (…) Der eigentliche Zweck und Charakter eines Organizing-Prozesses ist erzieherischer Natur. Das Zusammenbringen unterschiedlichster Bevölkerungsgruppen führt zum Erwerb von Wissen und einer sich daraus ergebenden Einstellungsveränderung bei allen Beteiligten. Geschäftsleute, Gewerkschaftsführer, Kirchenvorstände, Vorsitzende von Nationalitäten-, Minderheiten- und Sportvereinigungen lernen sich gegenseitig kennen. Durch den ständigen Meinungs- und Erfahrungsaustausch kommt es nicht zu einem sogenannten besseren Verständnis füreinander, sondern einfach zur Verständigung. Diese gegenseitige Verständigung wird begleitet von einer neuen Einschätzung und Erklärung sozialer Probleme. (...)

Eine der häufigsten Erfahrungen im Anfangsstadium eines Organizing-Prozesses ist die, dass die Anführer der unterschiedlichsten Gruppen etwa so reagieren: „Freddy, ich hatte ja keine Ahnung, dass ihr so dazu steht. Natürlich wusste ich nie, wie ihr die Sache seht, und sicherlich spricht auch einiges dafür, es so einzuschätzen wie ihr." Dieser Erziehungsprozess stellt eine der Grundvoraussetzungen im Organizing dar.

Die Organisation ist überzeugt, wenn sich Menschen gegenseitig als menschliche Wesen kennen lernen statt als Symbole oder statistische Größen, wird dies zwangsläufig zu einem menschlichen Verständnis fuhren, das ein glänzendes Zusammentreffen menschlicher Einstellungen mit sich bringt. Es scheint, dieser Punkt ist so offenkundig, dass es unnötig ist, ihn weiter auszuführen, und trotzdem – wie bei vielen grundsätzlichen Lehren – liegt es auf der Hand, dass wir, während wir darüber sprechen, seine Bedeutung für praktische Zwecke übersehen. Das Lesen der Morgenzeitung als Teil der Frühstücksroutine veranschaulicht dies. Auf der Titelseite steht ein ausführlicher Bericht über den drohenden Hungertod von Millionen von Menschen in Indien. Wir blättern weiter, und plötzlich richtet sich unsere ganze Aufmerksamkeit auf eine kleine Meldung auf Seite 19, der wir entnehmen, dass einer unserer Freunde bei einem Autounfall schwer verletzt worden ist. Das schlägt ein wie eine Bombe, und auf einmal schmeckt uns das Frühstück nicht mehr. Wir reagieren erschüttert und betroffen. Hier ist ein Einzelner bei einem Unfall verletzt worden, was unser ganzes menschliches Mitgefühl erweckt. Aber zu den Millionen von Indern haben wir kein Verhältnis, sie bedeuten uns nichts. Die Millionen von Indern sind für uns eine statistische Größe, aber dieser eine von unseren Freunden ist kein Symbol oder eine Zahl, sondern ein lebendiges menschliches Wesen, das wir persönlich kennen. Wir wissen, unser Freund leidet unter Schmerzen wie wir: Dass wir ihn als Mensch kennen – und das ist das Wesentliche –, ermöglicht eine starke Anteilnahme, eine Identifizierung. Das ist ein menschliches Verhältnis.

Es ist klar, dass in einem Viertel nicht jeder jeden auf einer persönlichen, menschlichen Basis kennen lernen kann. Aber es ist möglich, dass sich Hunderte der kleinen lokalen Leader gegenseitig menschlich begegnen. Diese kleinen örtlichen Anführer mögen Betriebsräte sein. Sie mögen im Elternbeirat einer Schule aktiv sein. Sie mögen dem Kirchenvorstand angehören. Sie mögen eine Abteilung in einem Sportverein leiten. Sie mögen Polizisten oder kleine Geschäftsleute sein. Es sind die Little Joes, von denen bereits die Rede war. Es sind die Little Joes mit einer Anhängerschaft von etwa 30 bis 40 Leuten. Ihre Einstellungen prägen und bestimmen entscheidend die Einstellungen ihrer Anhängerschaft. (...)

Diese Little Joes werden für gewöhnlich völlig ignoriert (...). Aber diese Little Joes sind die Anführer der Menschen, die größten Halme aus den Graswurzeln der Demokratie der Vereinigten Staaten. Diese Little Joes verfügen nicht nur über die aussichtsreichsten Kanäle für Bildung, sondern in gewisser Hinsicht über die einzigen Kanäle. Wenn sich die Little Joes gegenseitig als menschliche Wesen kennen lernen, werden Vorurteile beseitigt und menschliche Einstellungen in diesem neuen Verhältnis entwickelt. Diese Veränderungen spiegeln sich unter ihrer Anhängerschaft wider, sodass die Verständigung oder die Bildung langsam die Einstellungen Tausender Menschen beeinflusst.

Die Hauptaufgabe in der Bildung, die sich jeder Organizing-Ansatz stellt, ist die Schaffung von Voraussetzungen, die einen Lernprozess ermöglichen. Wenn wir uns Bildung als PS-starken Wagen vorstellen, liegt es auf der Hand, dass wir ihn nur fahren können, wenn wir Straßen haben. Ungeachtet der Qualität des Autos und unserer Fähigkeit als Fahrer bleibt die Tatsache bestehen, dass uns der Wagen wenig nützt, solange wir keine Straßen haben, die wir benutzen können. Genauso verhält es sich mit Bildungsmöglichkeiten. Jemand mag die besten Lehrer haben, die besten Bibliotheken, die schönsten Schulen, aber solange die Menschen nicht das Bedürfnis haben, sie zu nutzen, werden all die Lehrer, Schulen und Bibliotheken nichts zur Bildung beitragen.

Ein Organizing-Team sucht ständig nach Methoden und Ansätzen, mit denen im Viertel eine lern- und bildungsfreundliche Atmosphäre geschaffen werden kann. In den meisten Fällen wird die eigentliche Vorgehensweise bei der Förderung der Bildung nicht in unabhängigen Programmen bestehen, sondern einfach in einer Phase jedes einzelnen Projekts, das die Basisorganisation in Angriff nimmt. (…)

Ein Viertel ist kein Klassenzimmer, und seine Bewohner sind keine Schüler, die Klassenzimmer betreten, um sich zu bilden. Ein Organizing-Prozess muss Bedingungen und ein Klima schaffen, in dem die Leute etwas lernen wollen, weil das Lernen für sie lebenswichtig ist. (…)

Ein sehr verbreitetes Problem, mit dem sich Organizing-Strukturen beschäftigen müssen, ist nicht allein die Beschaffung von Informationen, sondern ihre Vermittlung in einer Weise, die nicht die Würde und Selbstachtung eines jeden Menschen verletzt. Die Menschen helfen sich lieber selbst, als sich von anderen helfen zu lassen (…). Der folgende Bericht eines Organizers, der in einem relativ großen Organizing-Prozess im Bildungsbereich arbeitet, veranschaulicht diesen Punkt:

Unsere Leute leben in Baracken und Löchern. Eines unserer größten Probleme sind Wohnungen: vernünftige, gute, menschenwürdige Unterkünfte. Einige unserer Familien leben in Hütten, die nur aus einem einzigen Raum bestehen. Nehmen wir die Familie Jones. Sie hat neun Kinder, und alle Kinder schlafen mit ihren Eltern in einem Raum, weil ihr Haus nur einen Raum hat. Einer der wichtigsten Punkte in unserem Programm ist, fließendes Wasser zu bekommen. Nicht heißes und kaltes Wasser, sondern nur einfaches fließendes kaltes Wasser. Dann haben wir ein weiteres Ziel in unserem Langzeitprogramm, wie wir es nennen. Das Ziel heißt: eine Innentoilette. Einige Leute glauben, sie müssten darauf bis zu den Jahrtausendfeiern warten. Sie sehen also, es ist nicht übertrieben, wenn wir sagen, dass eines unserer größten Probleme die Unterkünfte sind.

Nun, viele von uns haben sich mit dem staatlichen Sozialwohnungsprogramm beschäftigt. Ich interessiere mich schon lange dafür, und obwohl ich kein Experte bin, kenne ich doch viele der Maßnahmen. Wir führten nun eine große Massenveranstaltung durch, und ein besonderes Komitee wurde gebildet, das sich mit dem Wohnungsproblem auseinandersetzen sollte. Ich gehörte diesem Komitee an. Wir waren ungefähr 16 Leute. Alle Komitee-Mitglieder hatten jede Menge Fragen zu gesetzlichen Bestimmungen und Anforderungen an Baumaßnahmen, und ich hätte ohne Schwierigkeiten viele Fragen beantworten können, aber ich wusste, dass ihnen die Antworten nicht gefallen würden, falls ich sie ihnen gab. Zu der Zeit waren die meisten Leute gute Freunde von mir und wären für mich durch dick und dünn gegangen, aber sie wären darüber sauer gewesen, dass ich alles und sie nichts wussten. Oftmals wird dir jemand nicht zustimmen, nicht weil er gegen das ist, was du sagst, sondern dagegen ist, dass du es sagst und wie du es sagst.

Folgendes passierte: Wir gingen alle in die öffentliche Bücherei und besorgten uns die Titel der einschlägigen Schriften. Dann schrieb jeder von uns ans Ministerium und bekam ein Exemplar der gleichen Broschüre. Darauf setzten wir uns zusammen, und wir versuchten, die Antworten auf unsere Fragen in der Broschüre zu finden. Man darf nicht vergessen, wir lasen alle in unserem eigenen Exemplar der gleichen Broschüre. Ich würde die Antwort, sagen wir mal, auf Seite 22 finden und dann sagen:

„He, Leute, seht euch dies hier auf Seite 22 an." Ich würde die ersten drei oder vier Wörter vorlesen. „Vielleicht steht hier das Zeug, das wir suchen ..." Sofort würde eines der anderen Komitee-Mitglieder sagen: „Genau, schaut euch Seite 22 an!" Und dann finge irgendjemand an es vorzulesen, wobei er immer wieder von anderen unterbrochen würde. Durch dieses Wechselspiel, dass einer ein bisschen vorliest und die Aufmerksamkeit seiner Kollegen auf eine Zeile oder einen Satz oder ein Wort lenkt, verstehen alle die Antwort auf die Frage, und alle haben das Gefühl, dass sie die Antwort selbst gefunden haben.

Nach einer bestimmten Zeit brauchte ich so etwas nicht mehr zu machen. Sehen Sie, die Leute verhalten sich wie alle anderen. Das Wichtigste, was wir an der Universität gelernt haben, ist, wo die Informationen zu finden sind. Danach waren wir auf uns allein gestellt, da hinzugehen und zu lernen. So läuft das auch im Organizing. Sobald unsere Leute wissen, wo und wie sie an die Informationen rankommen, werden sie es selbst machen, und das ein für allemal. (...)

Diejenigen, die sich dem Aufbau von Organizing-Strukturen verschrieben haben, sind mehr und mehr überzeugt, dass einer der wichtigsten Ansätze in der Bildungsarbeit die Rationalisierung ist, die nachträgliche Rechtfertigung unbewussten Verhaltens, und nicht Argumente, Vorträge, Logik oder irgendeine der anderen üblichen Praktiken. Diese Organizer glauben aufgrund ihrer Erfahrungen sowohl mit Organizing-Prozessen als auch in ihrem Alltagsleben, dass die meisten Menschen in sehr verschiedenen Fällen zuerst handeln und anschließend überlegen, warum sie so gehandelt haben. Es scheint, als ob ein großer Teil unseres Wissens und was wir unsere eigene

Lebensweisheit und unsere eigenen Einstellungen nennen, keine Dinge sind, die wir sorgfältig und mühsam durchdacht haben, sondern Rationalisierungen oder Selbstrechtfertigungen für Handlungen, die wir bereits begangen haben.

Für viele Organizer ist die Vorstellung, dass das meiste Lernen durch Rationalisierungen geschieht, zu einer Grundvoraussetzung für Bildungsprogramme im Organizing geworden. Der entsprechende Slogan lautet: „Bringt sie dahin, in die richtige Richtung zu gehen. Sie werden sich nachher selbst erklären, warum sie diese Richtung eingeschlagen haben, und diese Erklärung ist für sie ein besseres Wissen als alles, was wir vermitteln können." Ein deutliches Beispiel dieser Form von Bildung durch Rationalisierung passierte in einer Stadt nahe der Mason-Dixon-Eisenbahnlinie, wo im Rahmen einer Organizing-Kampagne die Gewerkschaftsbewegung zu einer großen Massenversammlung zusammenkommen wollte. Dem Organizer war es bereits gelungen, sich der Unterstützung der drei wichtigsten Teile der Gewerkschaftsbewegung zu versichern: der American Federation of Labor (AFL), des Congress of Industrial Organizations (CIO) und der Railroad Brotherhood.

Während des Treffens, das der Organizer mit den Führern dieser Gewerkschaften abhielt, rückte plötzlich das Rassenproblem in den Vordergrund und wurde zum wichtigsten Thema. Es fing damit an, dass einer der Anführer der Railroad Brotherhood bei der Vorbereitung der Massenversammlung nebenbei bemerkte: „Und die Nigger werden im Nigger-Reich sitzen."

Der Organizer protestierte schärfstens gegen das Prinzip der Rassentrennung und wurde von den Vertretern der AFL wie auch der Railroad Brotherhood darüber informiert, dass in dieser Stadt Rassentrennung herrsche, und soweit es sie angehe, sei das so richtig. „Ein Nigger ist schließlich ein Nigger." Die Gewerkschaftsführer fuhren fort, davon zu sprechen, wie „sogar in unseren Gewerkschaften die Nigger ihren Platz haben, und sie werden ihn behalten". Der Organizer berichtet über die angewandten Taktiken, um sowohl das Problem zu lösen als auch den Lernprozess einzuleiten:

Ich wandte mich an den CIO-Führer und sagte: „Nun, was meinst du dazu?" Der CIO-Führer redete um den heißen Brei, dass Rassentrennung nicht die Politik der CIO sei, aber schließlich seien wir hier in einer Stadt tief im Süden, und wir müssten die örtlichen Traditionen respektieren – allerhand Zeugs von dieser Art. Ich erkannte, dass ich mit einer Einheitsfront aller drei Gewerkschaften konfrontiert war. Die erste Taktik musste ein Manöver sein, die Front dieser drei Gewerkschaften zu spalten. Mit dieser Absicht sprach ich den CIO-Führer an: „Nun, soviel ich weiß, steht in euren Statuten irgendetwas von ‚ungeachtet von Rasse, Hautfarbe und Abstammung'. Stimmt das?" Der CIO-Führer fing an: „Ja, aber hier im tiefen Süden …" Ich unterbrach ihn: „Davon brauchst du mir nichts zu erzählen, schließlich haben wir hier keine Geheimnisse voreinander, und wir machen nichts, was wir unter den Teppich kehren müssten. Solange wir nichts machen, wofür wir uns schämen müssten, sollten wir öffentlich unsere Politik verkünden. Draußen warten drei Journalisten, einer vom ‚Herald', einer vom ‚Bugle' und einer von der ‚Press'. Ich werde sie reinrufen, und ihr könnt ihnen alles sagen."

Der CIO-Führer bekam einen roten Kopf und murmelte: „Du brauchst die Journalisten nicht reinzurufen. Die CIO hat sich immer gegen die Rassentrennung ausgesprochen, und dabei bleibt's." Die Spaltung war gelungen.

Ich machte weiter und wandte mich an die AFL-Führer: „Die AFL ist eine unabhängige Organisation, und ihre Politik wird einzig und allein von ihr selbst bestimmt. Sie ist selbstständig, und was auch immer die CIO will, das ist keine Sache der AFL. Ist das richtig?"

Der AFL-Führer stand auf und sagte streitsüchtig: „Das ist richtig! Wenn die CIO Neger wie Weiße behandeln will, dann ist das ihre Sache, aber verdammt noch mal, was immer die CIO entscheidet, das geht uns einen Dreck an."

Ich wiederholte die gleiche Erklärung gegenüber der Railroad Brotherhood, und sie reagierten genau wie die AFL.

Nach den Meinungsäußerungen von allen drei Gewerkschaften spielte ich meinen Trumpf aus. Ich sagte: „Nun, wir stimmen darin überein, dass jede Gewerkschaft nur für die eigenen Angelegenheiten zuständig ist. Da die CIO sagt, dass sie gegen die Rassentrennung ist, und da die AFL und die Railroad Brotherhood sagen, dass sie für die Rassentrennung sind, und da wir in einer Demokratie leben, können wir nur eins tun: Wir werden den Saal in zwei Hälften teilen. Die CIO wird auf der einen Seite mit Weißen und Schwarzen sitzen, auf der anderen Seite die Weißen der AFL und der Railroad Brotherhood, die damit die Rassentrennung bekommen, die sie wollen."

Einen Augenblick war es ganz ruhig. Die Führer der AFL und der Railroad Brotherhood wechselten unruhige Blicke. Aus ihren Augen konnte man ablesen: „Was für ein Zeitungsfoto das geben würde! Schwarze und weiße Gesichter auf der CIO-Seite im Saal und ein geschlossener Block von weißen Gesichtern auf der Seite der AFL und der Railroad Brotherhood! Was für einen Propagandaeffekt solch ein Foto für die CIO hätte, Schwarze als neue Mitglieder zu gewinnen!"

Nach einem Augenblick schauten die AFL-Führer betreten nieder und platzen heraus: „Verdammt, lasst uns die Rassentrennung zusammen zum Fenster rausschmeißen, wohlgemerkt: für diese Versammlung."

Obwohl diese Massenversammlung die erste in dieser Stadt sein sollte, in der es keine Rassentrennung gab, und dies ein dramatischer Schritt vorwärts war, war die Massenversammlung dennoch relativ unwichtig, verglichen mit der raschen Rationalisierung, die meinem Gespräch mit den Gewerkschaftsführern folgte. Keiner dieser Gewerkschaftsführer wollte sich eingestehen, dass er ausgetrickst oder in eine fortschrittliche Position manövriert worden war. Das hätte ihre Selbstachtung nicht zugelassen. Sie wussten, dass sie sich unwiderruflich für eine Massenversammlung ohne Rassentrennung ausgesprochen hatten. Der Rationalisierungsprozess war voll im Gange und, meine Güte, wie diese Leute sich selbst erzogen! In den nächsten paar Tagen kamen Gewerkschaftsführer zu mir, die sich ihr ganzes Leben lang für Rassentrennung stark gemacht hatten, und sagten: „Ich glaube, wir haben das Richtige getan, als wir die Rassentrennung über Bord geworfen haben. Zum Teufel, wir leben in einer Demokratie, oder?" Und: „Wenn nicht die Gewerkschaften den Niggern, ich meine natürlich: den Schwarzen, eine Chance geben, wer soll es denn dann tun?"

So ging es weiter und wuchs, eine Aktion, die einzig und allein aus taktischen Gründen durchgeführt worden war. In den folgenden Wochen nach der Massenversammlung führten diese Gewerkschaften Seminare, Foren und andere Bildungsprogramme über das Verhältnis zu Minderheiten durch. Dieses ganze Bildungsprogramm hatte seinen Ursprung in der rationalisierenden Selbsterziehung, die damit begann, dass diese Gewerkschaftsführer sich selbst beweisen mussten, dass ihre Ablehnung der Rassentrennung richtig war und ihre Entscheidung dazu auf moralischen Überzeugungen beruhte und nicht opportunistisch motiviert war.

In einer Organizing-Kampagne ist Bildungsarbeit ein aufregender und dramatischer Prozess. Statt distanziert und akademisch zu sein, wird Bildung zu einem direkten und unmittelbaren Teil des persönlichen Lebens, der Erfahrungen und des Handelns der Menschen. Komitee-Mitglieder merken, dass sie sich auf dem Gebiet der Aktivitäten ihres Komitees informieren müssen; später entdecken sie, dass sie, um ihre eigenen Aktivitäten durchführen zu können, über alle anderen Probleme und Aktivitäten Bescheid wissen müssen, die mit der Arbeit des Komitees zusammenhängen. Das Komitee, das sich für Wohnungsprobleme interessiert, wird sich bald mit Planungs-, Gesundheits-, Rassen- und anderen Fragen beschäftigt sehen. Wissen wird dann zu einem Waffenarsenal im Kampf gegen Ungerechtigkeit und Erniedrigung.

Man lernt nicht mehr um des Lernens willen, sondern man lernt aus einem bestimmten Grund, für einen Zweck, Bildung hört auf, ein Luxus zu sein oder etwas, das unter dem vagen, vergeistigten Begriff der Kultur bekannt ist. Bildung wird lebensnotwendig wie Geld auf der Bank, Gesundheit, gute Wohnungen und sichere Arbeitsplätze.

Alles Wissen ist nutzlos, wenn man nicht mit Menschen kommunizieren, sich ihnen nicht mitteilen kann. In diesem Fall wäre man nicht einmal eine Niete. Man wäre gar nicht existent.

Kommunikation findet statt, wenn die Menschen verstehen, was man ihnen mitzuteilen versucht. Wenn sie nichts verstehen, kommuniziert man nicht, trotz der Worte, Bilder und allem anderen. Menschen verstehen Dinge nur im Rahmen ihrer Erfahrungen, das heißt, man muss in ihren Erfahrungsbereich eindringen. Darüber hinaus ist Kommunikation keine Einbahnstraße. Wenn man versucht, anderen seine Ideen zu vermitteln, und dem keine Aufmerksamkeit schenkt, was sie einem zu sagen haben, kann man die ganze Sache von vornherein vergessen.

Ich weiß, dass ich mit dem anderen kommuniziert habe, wenn seine Augen aufleuchten und er erwidert: „Ich weiß genau, was du meinst. Mir ist das auch schon mal passiert. Das muss ich dir mal erzählen!" Dann weiß ich, dass Kommunikation stattfindet.

Kürzlich flog ich vom O'Hare Airport in Chicago nach New York. Nachdem der Jet aus seiner Parkposition herausgerollt war, hörten wir die bekannte Durchsage: „Hier spricht Ihr Flugkapitän. Es tut mir leid,

KEEP THE PRESSURE ON
ALINSKY RULEZ

Ihnen mitteilen zu müssen, dass noch 17 Flugzeuge vor uns die Starterlaubnis erhalten werden. Ich werde das Rauchverbot aufheben und Sie auf dem Laufenden halten."

Manch ein Flugkapitän fühlt sich verpflichtet, seine Passagiere mit einem unaufhörlichen Schwall von Wortmüll zu „unterhalten". „Es wird Sie interessieren, dass dieses Flugzeug mit blablabla Tonnen beladen ist." Das ist mir doch völlig egal. Oder: „Unsere Flugroute führt uns über Little Hannover, Ohio, Kleinkleckersdorf" und so weiter und so fort. Diesmal konnte sich jedoch der Kapitän in den Erfahrungsbereich vieler seiner Passagiere einfühlen und wirklich kommunizieren. Mitten in seiner „Unterhaltung" erläuterte er: „Übrigens, ich möchte Ihnen noch mitteilen, dass wir vom Zeitpunkt der Starterlaubnis, wenn Sie die Triebwerke aufheulen hören, bis zum Zeitpunkt des Abhebens so viel Treibstoff verbraucht haben werden, dass Sie mit der gleichen Menge mit dem Auto von Chicago nach New York und zurück, Umwege eingeschlossen, fahren könnten." Man konnte solche Kommentare hören wie: „Ach, der macht ja bloß Witze!" Als die Starterlaubnis erteilt wurde und die Triebwerke aufheulten, schauten überall im Flugzeug Passagiere auf ihre Uhren. Nach etwa 25 Sekunden hob die Maschine ab, und viele wandten sich an ihren Nachbarn: „Glauben Sie das?" Wie zu erwarten war, hatten sich offensichtlich viele Passagiere irgendwann einmal damit beschäftigt, wie viele Kilometer man im Auto mit einer bestimmten Treibstoffmenge zurücklegen könnte. (...)

Da die Menschen nur das verstehen, was in ihrem Erfahrungsbereich liegt, muss ein Organizer zumindest eine grobe Vorstellung von ihrem Erfahrungsbereich besitzen. Dies dient nicht nur der Verständigung, sondern stärkt die persönliche

Identifizierung des Organizers mit den anderen und trägt zu einer Verbesserung der Kommunikation bei. Es gab zum Beispiel in einem Viertel einen griechisch-orthodoxen Priester, nennen wir ihn hier Archimandrite Anastopolis. Jeden Samstagabend machte er im Viertel eine Kneipentour, hochachtungsvoll begleitet von sechs seiner Community-Mitglieder. Nach einigen Stunden des Saufens war er so stockbesoffen, dass er plötzlich umkippte. Die sechs Getreuen trugen dann die Schnapsleiche wie Sargträger durch die Straßen zurück in die Sicherheit ihrer Kirche. Im Laufe der Jahre wurde dies zum Teil des Erfahrungsbereichs des Viertels, zu einer lebenden Legende. Wenn man mit irgendeinem im Viertel sprach und ihm mitteilen wollte, dass irgendetwas unangebracht war, konnte man nur kommunizieren, wenn man sagte: „Das ist ja so kaputt wie der Archimandrite." Die Reaktion wäre Lachen, Kopfnicken und: „Ja, ich weiß, was du meinst" – aber auch eine Vertrautheit durch den Austausch gemeinsamer Erfahrungen.

Wenn man zu kommunizieren versucht und keinen Anknüpfungspunkt im Erfahrungsbereich des anderen findet, dann muss man ihm die Erfahrung vermitteln.

Ich versuchte zwei Organizern, die sich in meinem Stab in der Ausbildung befanden, zu erklären, dass sie bei ihrer Arbeit in einem Viertel Probleme hatten, weil sie den Erfahrungsbereich der Leute dort verlassen hatten, und dass sie in diesem Fall nicht nur nicht kommunizierten, sondern Verwirrung stifteten. Sie hatten einen ernsten, aufgeschlossenen Gesichtsausdruck und zeigten mir mit ihren Gesten und Worten, dass sie dem, was ich sagte, zustimmten und es verstanden, aber mir wurde bewusst, dass sie im Grunde nichts verstanden und ich nicht kommunizierte. Ich war nicht in ihren Erfahrungsbereich eingedrungen. So musste ich ihnen dies in Erfahrung bringen.

Wir gingen damals in einer Gaststätte mittagessen. Ich machte sie auf die Speisekarte aufmerksam, auf der acht verschiedene Gerichte mit Nummern aufgeführt waren. Nr. 1 war Rührei mit Speck, Nr. 2 irgendwas anderes, und Nr. 6 war ein Hühnerleber-Omelett. Ich erklärte, dass sich der Kellner daran gewöhnt hatte, sofort jede Bestellung in eine Nummer zu übersetzen. Er würde „Rührei mit Speck" hören, und schon hätte es in seinem Kopf geklickt: „Nr. 1." (...)

Nachdem das klar war, sagte ich: „Wenn ich jetzt meine Bestellung aufgebe, werde ich statt ‚Hühnerleber-Omelett', was für den Kellner Nr. 6 ist, sagen: ‚Sehen Sie dies Hühnerleber-Omelett?' Er wird erwidern: ‚Ja, Nr. 6!' Dann werde ich sagen: ‚Einen Augenblick, ich will die Hühnerleber nicht im Omelett, ich will sie getrennt. Verstehen Sie mich?' Er wird die Bestellung entgegennehmen, und dann stehen die Chancen neun zu eins, dass alles durcheinandergeht, weil er nicht mehr einfach Nr. 6 bestellen kann. Ich weiß nicht, was passieren wird, aber damit verlasse ich seinen gewohnten Erfahrungsbereich."

Der Kellner nahm meine Bestellung genau so auf, wie ich es beschrieben habe. Nach etwa 20 Minuten kam er mit einem Omelett und einer ganzen Portion Hühnerleber. Er legte mir eine Rechnung über 3,25 Dollar vor: 1,75 Dollar für das Omelett und 1,50 Dollar für die Hühnerleber. Ich reklamierte und kritisierte sofort, dass ich Nr. 6 bestellt hätte, die nur 1,50 Dollar kostete, aber statt der Leber im Omelett sie getrennt haben wollte. Nun hätte ich ein großes Omelett, eine große Portion Hühnerleber und eine Rechnung, die fast dreimal so hoch sei. Wie sollte ich zwei Gerichte essen? Verwirrung breitete sich aus. Kellner und Geschäftsführer berieten. Schließlich kam der Kellner zurück, mit einem roten Kopf und etwas aus der Fassung: „Das Versehen tut mir leid – wir haben alles durcheinandergeworfen – Sie können essen, was Sie wollen." Die Rechnung wurde auf den ursprünglichen Preis von Nr. 6 geändert.

In einer ähnlichen Situation in Los Angeles ging ich mit vier Mitgliedern meines Stabes vor ein Luxushotel, um die gleiche Sache zu demonstrieren. Ich sagte: „Seht mal her! Ich habe hier einen Zehn-Dollar-Schein in meiner Hand. Ich schlage vor, wir gehen um dieses Hotel herum, das sind vier Straßenblocks, und ich werde versuchen, diesen Geldschein zu verschenken. Das wird sicherlich außerhalb des Erfahrungsbereichs der Leute liegen. Ihr vier lauft hinter mir her und beobachtet, wie die Leute, die ich anspreche, reagieren. Ich werde auf sie zugehen, ihnen den Zehn-Dollar-Schein entgegenhalten und sagen: ‚Hier, nehmen Sie den!' Ich vermute, dass alle zurückweichen werden, verwirrt, beleidigt oder ängstlich dreinschauen und so schnell wie möglich vor diesem verrückten Hund abhauen werden. Jemand, der sie anspricht, ist gemäß ihren Erfahrungen ein Schnorrer, besonders wenn man so angezogen ist wie ich, ohne Schlips und Jackett, oder er will eine Auskunft."

Ich spazierte los und versuchte, den Zehn-Dollar-Schein zu verschenken. Die Reaktionen lagen alle „im Erfahrungsbereich der Leute". Etwa drei von ihnen meinten, als sie den Geldschein sahen und ich noch nichts gesagt hatte: „Es tut mir leid, ich kann nicht wechseln." Andere eilten vorbei: „Ich habe im Moment kein Geld bei mir", als hätte ich versucht, welches von ihnen zu bekommen, anstatt ihnen etwas geben zu wollen. Eine junge Frau schrie und platzte fast: „Ich gehöre nicht zu dieser Art von Mädchen. Wenn Sie nicht sofort von hier verschwinden, rufe ich die Polizei!" Eine andere Frau um die dreißig knurrte: „So billig kriegen Sie mich nicht!" Es gab einen Mann, der stehen blieb und sagte: „Was ist das denn schon wieder für ein Spielchen?", und dann weiterging. Die meisten Leute reagierten erschreckt, verwirrt und sprachlos, sie beschleunigten ihre Schritte und machten einen Bogen um mich.

Nachdem mir etwa 14 Menschen begegnet waren, stand ich wieder vor dem Eingang des Luxushotels und hatte den Zehn-Dollar-Schein immer noch in der Hand. Meine vier Begleiter hatten jetzt ein klares Verständnis davon, dass Menschen immer streng auf der Grundlage ihrer eigenen Erfahrungen reagieren.

Ein weiteres Beispiel für das gleiche Prinzip ist in diesem Zusammenhang die christliche Zivilisation. Die meisten Menschen gehen zur Kirche und haben ihren Mund voll von christlichen Lehren, und trotzdem sind sie nicht wirklich Teil ihres Erfahrungsbereichs, weil sie nicht nach ihnen leben. Ihre Erfahrung mit der Kirche ist eine reine ritualistische Dekoration.

Die „New York Times" berichtete vor einigen Jahren über einen Mann, der mit ungefähr 40 Jahren zum Katholizismus übergetreten war und dann, erfüllt vom Eifer eines Bekehrten, sich entschied, so weit wie möglich die Nachfolge des heiligen Franz von Assisi anzutreten. Er hob seine gesamten Ersparnisse ab, etwa 2 300 Dollar. Er ließ sich das Geld in Fünf-Dollar-Scheinen auszahlen und ging in das ärmste Viertel New York Citys, die Bowery (vor ihrer Sanierung), und jedes Mal, wenn ihm ein bedürftig aussehender Mann oder eine Frau begegnete, ging er auf sie zu und sagte: „Bitte nehmen Sie das." Nun, der Unterschied zwischen dieser Situation und meiner beim Luxushotel ist, dass es zum Erfahrungsbereich der Bettler der Bowery gehört, wenn ihnen jemand Geld oder einen Teller Suppe anbietet. Auf jeden Fall musste unser Freund bei seinem Versuch, wie ein Christ zu leben und die Nachfolge des heiligen Franz von Assisi anzutreten, feststellen, dass er das nur 40 Minuten konnte, ehe er von einem christlichen Polizisten festgenommen, von einem christlichen Notarzt ins Krankenhaus gebracht und dort von einem christlichen Psychiater für unzurechnungsfähig erklärt wurde. Das Christentum liegt außerhalb des Erfahrungsbereichs einer Bevölkerung, die sich zu ihm bekennt, es aber nicht praktiziert.

In einer Massenorganisation darf man sich nie außerhalb des eigentlichen Erfahrungsbereichs der Leute begeben. Ich bin beispielsweise gefragt worden, warum ich mit einem katholischen Priester oder einem protestantischen Pfarrer oder einem Rabbi niemals auf der Grundlage der jüdisch-christlichen Ethik oder der Zehn Gebote oder der Bergpredigt rede. Das tue ich nie. Stattdessen spreche ich ihr persönliches Eigeninteresse an, das Wohlergehen ihrer religiöse Community, sogar ihren Besitz.

Falls ich sie in einer moralistischen Weise anspräche, wäre das außerhalb ihres Erfahrungsbereichs, weil sich das Christliche und Jüdisch-Christliche außerhalb des Erfahrungsbereichs der organisierten Religion befindet. Sie würden mir nur zuhören und mir sehr wohlwollend versichern, wie nobel ich sei. In dem Augenblick, wo ich den Raum verlasse, würden sie die Sekretärin rufen und ihr sagen: „Wenn dieser Spinner hier noch mal auftauchen sollte, sagen Sie ihm, ich sei nicht da."

Kommunikation, die überzeugen soll wie in Verhandlungen, bedeutet mehr als das Eindringen in den Erfahrungsbereich des anderen. Man muss dessen Hauptziel fixieren und es voll im Auge behalten. Man kommuniziert mit irgendjemandem nicht allein über rationale Fakten oder moralische Grundsätze einer Frage. Aufschlussreich ist die Episode zwischen Moses und Gott, als die Juden begonnen hatten, das Goldene Kalb anzubeten:

* nach der Übersetzung Martin Luthers; zit. nach der Ausgabe der Württembergischen Bibelanstalt, Stuttgart 1967

„Der Herr sprach aber zu Mose: Geh, steig hinab; denn dein Volk, das du aus Ägyptenland geführt hast, hat schändlich gehandelt.

Sie sind schnell von dem Wege gewichen, den ich ihnen geboten habe. Sie haben sich ein gegossenes Kalb gemacht und haben's angebetet und ihm geopfert und gesagt: Das ist dein Gott, Israel, der dich aus Ägyptenland geführt hat.

Und der Herr sprach zu Mose: Ich sehe, dass es ein halsstarriges Volk ist.

Und nun lass mich, dass mein Zorn über sie entbrenne und sie vertilge; dafür will ich dich zum großen Volk machen.

Mose aber flehte vor dem Herrn, seinem Gott, und sprach: Ach, Herr, warum will dein Zorn entbrennen über dein Volk, das du mit großer Kraft und starker Hand aus Ägyptenland geführt hast?

Warum sollen die Ägypter sagen: Er hat sie zu ihrem Unglück herausgeführt, dass er sie umbrächte im Gebirge und vertilge sie vom Erdboden? Kehre dich ab von deinem grimmigen Zorn und lass dich des Unheils gereuen, das du über dein Volk bringen willst.

Gedenke deiner Knechte Abraham, Isaak und Israel, denen du bei dir selbst geschworen und verheißen hast: Ich will eure Nachkommen mehren wie die Sterne am Himmel, und dies ganze Land, das ich verheißen habe, will ich euren Nachkommen geben, und sie sollen es besitzen für ewig.

Da gereute den Herrn das Unheil, das er seinem Volk zugedacht hatte." (Das zweite Buch Mose 32, 7 – 14*)

Moses versuchte nicht, mit Gott auf der Ebene der Gnade und Gerechtigkeit zu kommunizieren, als Gott zornig war und die Juden vernichten wollte: Er argumentierte mit einem

Hauptgesichtspunkt und überlistete Gott. Nur wenn sich die Gegenseite betroffen und bedroht fühlt, wird sie zuhören – auf dem Schauplatz der Handlung wird eine Bedrohung oder eine Krise fast zur Voraussetzung von Kommunikation.

Ein großartiger Organizer wie Moses verliert nie die Beherrschung, wie es vielleicht ein unbedeutenderer getan hätte, als Gott sagte: „Geh, steig hinab; denn dein Volk, das du aus Ägyptenland geführt hast, hat schändlich gehandelt." Falls Moses zu diesem Zeitpunkt seine Beherrschung verloren hätte, hätte er höchstwahrscheinlich erwidert: „Was kommst du mir mit diesem ganzen Zeug von wegen meinem Volk, das ich aus Ägyptenland geführt habe ... Ich bin nur einfach durch die Wüste spaziert, und wer hat die ganze Sache mit dem brennenden Busch angefangen, und wer hat mir gesagt, ich solle mich auf den Weg nach Ägyptenland machen, und wer hat mir gesagt, ich solle die Leute aus der Sklaverei befreien, und wer hat denn die ganzen Machtspielereien abgezogen, all die Plagen, und wer teilte das Rote Meer, und wer war das mit der Wolkensäule am Himmel, und jetzt plötzlich soll das mein Volk sein."

Aber Moses blieb ruhig, und er wusste, der wichtigste Angriffspunkt war für ihn das, was er für Gott als das Wichtigste ansah: Gott wollte seiner Meinung nach die Nummer eins sein. Überall im Alten Testament stößt man auf Stellen wie: „Du sollst keine anderen Götter neben mir haben", „Du sollst nicht falschen Göttern dienen", „Ich bin der Gott der Rache", „Du sollst den Namen deines Herrn nicht missbrauchen". Und so geht das weiter und weiter, einschließlich des ersten Teils der Zehn Gebote.

Dies wissend startete Moses seinen Angriff. Er begann zu argumentieren und sagte zu Gott, er möge sich beruhigen. (Will man Mose Motive an diesem Punkt herausfinden, muss man sich fragen, ob er seinem Volk treu bleiben wollte oder Mitleid mit ihm hatte oder ob er keine Lust verspürte, ein ganzes neues Volk hervorzubringen, weil er schließlich stark auf die 120 zuging, und das wäre ziemlich viel verlangt.) Jedenfalls begann er zu verhandeln: „Sieh mal, Gott, du bist der Herr. Du hast alle Trümpfe in der Hand. Was immer du tun willst, das kannst du tun, und niemand kann dich daran hindern. Aber du musst wissen, Gott, du kannst hier nicht einfach die Kurve kratzen, du hast mit diesen Leuten eine Absprache, du erinnerst dich, den Alten Bund, wonach du ihnen nicht nur versprochen hast, sie aus der Sklaverei zu befreien, sondern du wolltest sie praktisch zu Erben dieser Erde machen. Ja, ich weiß, du wirst mir vorhalten, dass sie ihren Teil der Abmachung gebrochen haben und dass man so mit dir nicht wetten kann. Aber so einfach ist die Sache nicht. Du sitzt in der Klemme. Die Nachricht über diese Abmachung ist überall in diesem Laden durchgesickert. Die Ägypter, die Philister, die Kanaaniter, alle wissen sie davon. Aber, wie ich schon sagte, du bist der Herr. Fang an und erledige sie. Was musst du dich darum kümmern, wenn die Leute sagen sollten: ‚Das passt zu Gott. Man kann dem kein Wort glauben. Auf den kann man sich nicht verlassen. Sein Versprechen ist nicht einmal so viel wert wie der Stein, auf dem es geschrieben steht.' Aber schließlich bist du der Herr, und ich nehme an, dass du damit fertig wirst."

„Da gereute den Herrn das Unheil, das er seinem Volk zugedacht hatte."

Ein anderer Grundsatz wirksamer Kommunikation ist, dass Menschen ihre eigenen Entscheidungen treffen müssen. Ebenso wenig wie Moses Gott erzählen konnte, was er tun sollte, kann ein Organizer einer Community erklären, was zu tun ist. Der Organizer hat jedoch meistens eine recht gute Vorstellung davon, was eine Community unternehmen sollte, und er wird Anregungen geben, manövrieren und die Community überzeugen wollen, eine bestimmte Aktion durchzuführen. Er wird nicht immer den Anschein erwecken, den Menschen weiszumachen, was zu tun ist, stattdessen wird er Fragen stellen, die es in sich haben. Zum Beispiel ist der Organizer einer Strategiediskussion überzeugt, dass die Taktik Z die richtige ist:

Organizer: Was meint ihr, sollen wir tun?

Gemeindevertreter Nr. 1: Wir sollten die Taktik X anwenden.

Organizer: Was glaubst du, Gemeindevertreter Nr. 2?

Gemeindevertreter Nr. 2: Ja, das klingt gut.

Organizer: Und was ist mit dir, Nr. 3?

Gemeindevertreter Nr. 3: Nun, ich weiß nicht so recht. Das hört sich gut an, aber irgendwas stört mich. Was meinst du, Organizer?

Organizer: Wichtig ist, was ihr Kerle denkt. Was stört dich?

Gemeindevertreter Nr. 3: Ich weiß nicht, es ist irgendetwas …

Organizer: Ich habe eine Ahnung, dass … Ich weiß nicht, aber ich kann mich erinnern,

dass du und Nr. 1 gestern mit mir geredet und mir irgendetwas von irgendjemandem erzählt habt, der einmal etwas wie die Taktik X ausprobiert hat, und da hat was nicht so richtig geklappt, und deshalb funktionierte es nicht oder so. Weißt du noch, worum es ging, Nr. 1?
Gemeindevertreter Nr. 1 (der zugehört hat und nun weiß, dass Taktik X nicht die richtige ist): Sicher, ich erinnere mich. Ja, nun, wir wissen alle, dass X nicht läuft.
Organizer: Genau. Und wir wissen auch, solange wir nicht alle Fehlerquellen ausschalten, werden wir nie zu der Taktik kommen, die funktioniert. Stimmt's?
Gemeindevertreter Nr. 1 (entschieden): Absolut!

Und so geht die gelenkte Befragung weiter, ohne dass irgendeiner sein Gesicht verliert oder von der Entscheidungsfindung ausgeschlossen wird. Jede Schwäche jeder vorgeschlagenen Taktik wird durch Fragen einer gründlichen Untersuchung unterzogen. Schließlich schlägt jemand Taktik Z vor, und wiederum durch Fragen werden ihre Vorzüge sichtbar und über sie entschieden.

Ist das Manipulation? Sicherlich, wie ein Lehrer manipuliert, und nicht weniger als sogar ein Sokrates. (...)

Solange der Organizer auf der Grundlage von Fragen vorgeht, werden die Menschen sein Urteil immer höher als ihr eigenes einschätzen. Sie glauben, dass er etwas von seiner Arbeit versteht, dass er die richtigen Taktiken kennt, darum ist er ja auch ihr Organizer. Selbst wenn sie sich dessen bewusst sind, weiß der Organizer, dass er, finge er an, Anordnungen und „Erklärungen" abzugeben, unbewussten Unmut schürte, ein Gefühl, dass der Organizer sie schlecht macht und ihre Würde als Individuen nicht respektiert. Der Organizer weiß, dass es ein menschlicher Zug ist, dass jemand, der um Hilfe bittet und sie erhält, nicht mit Dankbarkeit reagiert, sondern mit einer unbewussten Feindseligkeit dem gegenüber, der ihm geholfen hat. Dies ist eine Art psychischer „Erbsünde", weil er glaubt, dass der, der ihm geholfen hat, sich ständig vor Augen hält, dass er ohne seine Hilfe ein Nichts geblieben wäre. All dies bringt ein geschicktes und sensibles Rollenverhalten auf Seiten des Organizers mit sich. Am Anfang ist der Organizer der General, der weiß, wo was wie lang geht, aber er trägt nie seine vier Sterne, wird nie als General angesprochen und verhält sich auch nicht wie einer – er ist ein Organizer.

Es gibt auch Zeiten – oft genug –, wenn der Organizer im Laufe der Diskussion entdeckt, dass die Taktik Z, oder wofür er sich auch immer zuvor entschieden hat, nicht die angemessene ist. In diesem Fall sollten wir hoffen, dass sein Ich stark genug ist, einem anderen zu erlauben, die Lösung zu finden.

Das Verhältnis der Gesprächspartner bestimmt letzten Endes die Grenzen der Kommunikation. Es gibt sensible Bereiche, die man nicht berührt, solange nicht eine starke persönliche Beziehung da ist, die auf Gemeinsamkeit beruht. Sonst schaltet die andere Seite ab und hört dich buchstäblich nicht, ob du dich nun innerhalb ihres Erfahrungsbereiches befindest oder nicht. Andererseits ist sie sehr offen, wenn man ein gutes Verhältnis hat, und deine „Botschaft" kommt positiv an.

Ich habe beispielsweise immer die Überzeugung vertreten, dass Geburtenkontrolle und Abtreibung dem Individuum zustehende persönliche Rechte sind. Hätte ich diesen Standpunkt zu vertreten versucht, als ich anfing, das Back-of-the-Yards-Viertel in Chicago zu organisieren, wo 95 Prozent katholisch sind, wäre ich dort unten durch gewesen, selbst wenn ich innerhalb des Erfahrungsbereichs der Bevölkerung geblieben wäre, deren wirtschaftliches Elend durch große Familien verschärft wurde. Von dem Moment an wäre ich als Feind der Kirche abgestempelt gewesen und jegliche Kommunikation unmöglich geworden. Einige Jahre später, als mein Verhältnis auf einer soliden Grundlage stand, konnte ich frei über alles reden, einschließlich Geburtenkontrolle. Ich erinnere mich, darüber mit dem damaligen katholischen Dekan diskutiert zu haben. Der Streit beschränkte sich längst nicht nur auf solche Fragen wie: „Wie lange, glauben Sie, wird die katholische Kirche an diesen überkommenen Vorstellungen festhalten und gleichzeitig dabei überleben können?" Mir fiel ein, dass fünf Priester im Wartezimmer saßen, die mit dem Dekan sprechen wollten und die er, wie ich wusste, alle verachtete. Ich sagte: „Sehen Sie, ich werde Ihnen beweisen, dass Sie eigentlich an Geburtenkontrolle glauben, obwohl Sie den größten Krach gegen sie schlagen", und dann öffnete ich die Tür und meinte: „Schauen Sie einmal raus! Können Sie denen in die Augen schauen und mir erzählen, Sie sind gegen Geburtenkontrolle?" Er brach zusammen: „Das ist ein unfaires Argument, und das wissen Sie." Aber Gegenstand und Verlauf der Diskussion wären ohne unser gutes Verhältnis undenkbar gewesen.

Ein klassisches Beispiel für das Versagen von Kommunikation, weil der Organizer völlig den Erfahrungsbereich der Menschen verlässt, ist der Versuch von Studenten, den Armen klarzumachen, dass ihre Wertvorstellungen überholt sind. „Sie können mich beim Wort nehmen: Wenn Sie einen guten Job bekommen, ein Haus im Grünen, einen Farbfernseher, zwei Autos und Geld auf der Bank, wird Sie das auch nicht glücklich machen." Die Reaktion darauf wird ohne Ausnahme immer sein: „Nun ja, das möchte ich schon selbst beurteilen. Ich sag's Ihnen dann, wenn ich alles habe."

Kommunikation auf einer allgemeinen Basis ohne konkreten Bezug zu speziellen Erfahrungen wird phrasenhaft und bleibt weitgehend bedeutungslos. (...) Um zu erklären, was ein persönliches Verhältnis ausmacht, habe ich wiederholt meinen Zuhörern Folgendes erzählt: Wenn der Leiter diese Versammlung mit den Worten eröffnet hätte: „Ich bin erschüttert und traurig, Ihnen mitteilen zu müssen, dass ich soeben erfahren habe, dass Saul Alinsky bei einem Flugzeugunglück ums Leben gekommen ist und deshalb der Vortrag ausfallen muss", wäre die einzige Reaktion: „Ach Gott, das ist aber schade. Ich hätte ihn doch gern mal kennen gelernt, aber ... äh ... nun, wollen wir mal sehen, was wir mit dem angebrochenen Abend anfangen. Was sollen wir denn jetzt machen? Wir könnten ja ins Kino gehen." Das ist wohl alles, was man erwarten kann, außer von denen, die mich gekannt haben, ganz gleich, welches Verhältnis sie zu mir hatten.

Ich sagte meinen Zuhörern: Nehmen wir einmal an, ich hätte diesen Vortrag beendet, und nehmen wir weiter an, Sie wären mit allem, was ich gesagt habe, nicht einverstanden gewesen; Ihnen gefällt mein Gesicht nicht, der Klang meiner Stimme, meine Verhaltensweisen, meine Kleidung, Sie mögen mich einfach nicht. Pause. Nehmen wir darüber hinaus an, ich sollte vor Ihnen nächste Woche wieder einen Vortrag halten, und dann werden Sie über meinen plötzlichen Tod informiert. Ihre Reaktion wäre völlig anders, ganz unabhängig von Ihrer Abneigung. Sie wären schockiert. Sie würden sagen: „Warum? Gestern lebte er noch, atmete, redete und lachte. Es ist unglaublich, dass er so plötzlich nicht mehr da ist." Das ist die menschliche Reaktion auf ein persönliches Verhältnis.

Was in diesem Zusammenhang jedoch von besonderer Bedeutung ist, ist die Tatsache, dass wir es mit einer bestimmten Person und nicht mit einer großen Masse zu tun haben. (…)

Das ist das Problem bei dem Versuch, über das Thema der Atombombe zu kommunizieren. Sie ist zu groß. Sie hat zu viele Opfer zur Folge. Sie liegt außerhalb des Erfahrungsbereichs der Menschen, und sie reagieren mit einem „Ja, sie ist eine schreckliche Sache", aber im Grunde ist sie für sie unbegreifbar. Genauso ist es mit Zahlen. In Bereichen von 25 Millionen Dollar oder mehr, ganz zu schweigen von Milliarden, kommt der Zuhörer überhaupt nicht mehr mit und verliert völlig das Interesse, weil solche Zahlen nicht mehr in seinem Erfahrungsbereich liegen und fast bedeutungslos sind. Millionen von US-Bürgern wissen nicht, aus wie viel Millionen Dollar eine Milliarde besteht.

Man muss konkret werden, so konkret, dass die Sachen, um die es geht, mit den Händen der Erfahrung greifbar werden. Es ist von grundlegender Bedeutung, dass Probleme vermittelbar sein müssen, dass sie einfach genug sind, um sie als Parolen oder Schlachtrufe aufzugreifen. Es dürfen keine Allgemeinplätze sein wie Sünde oder Unmoral oder die heile Welt oder moralische Grundsätze. Es muss dieses unmoralische Verhalten dieses Besitzers von diesem Haus in diesem Slum mit diesen Bewohnern sein, die dies erleiden.

Es sollte damit deutlich geworden sein, dass Kommunikation konkret abläuft, und zwar mittels eigener besonderer Erfahrungen. Allgemeine Theorien gewinnen nur dann an Bedeutung, wenn jemand alle einzelnen Bestandteile aufgenommen und verstanden hat und sie dann in Beziehung zu dem Gesamtkonzept bringen kann. Solange dies nicht geschieht, sind die Einzelheiten nicht mehr als eine Kette interessanter Anekdoten. Das ist die Welt der Kommunikation.

Eine Organizing-Struktur ist eine Konfliktpartei. Das muss man klar und deutlich sehen. Der einzige Grund, warum es die Struktur gibt, ist, einen Krieg gegen alle Missstände zu führen, die Leid und Unglück verursachen. Eine Basisorganisation ist der Zusammenschluss einer großen Zahl von Männern und Frauen, die für ihr Recht auf ein menschenwürdiges Leben kämpfen. Die meisten der ständigen Auseinandersetzungen werden friedlich und in allgemein anerkannten rechtlichen Bahnen verlaufen, aber in allen Kämpfen gibt es Zeiten, wo „die Stimme des Gesetzes zu leise ist, um bei solch einem Kriegsgeschrei gehört zu werden".

Der Aufbau einer Organizing-Struktur ist der Aufbau einer neuen Machtgruppierung. Eine neue Machtgruppierung zu schaffen bedeutet automatisch eine Einmischung in und eine Bedrohung für die bestehenden Machtverhältnisse und damit eine Infragestellung des Status quo. (...)

Ein Organizing-Prozess ist keine philanthropische Spielwiese oder irgendein sozialer Klimbim einer Wohlfahrtsorganisation. Sie ist eine tiefgreifende, vorantreibende Kraft, die die eigentlichen Wurzeln allen Übels, unter denen die Menschen zu leiden haben, bekämpft und ausreißt. Sie erkennt die Existenz eines Teufelskreises, in dem die meisten menschlichen Wesen gefangen sind, und kämpft erbittert, um aus diesem Teufelskreis auszubrechen. Sie denkt und handelt im Sinne sozialer Chirurgie und nicht kosmetischen Zukleisterns. Das ist einer der Gründe, warum eine Basisorganisation weiß, dass sie um jeden Fußbreit Boden zu kämpfen hat, um zu ihrem Ziel zu kommen: eine menschliche Welt.

Weil es zum Charakter eines Organizing-Prozesses gehört, dass man regelmäßig in Konflikte verwickelt ist, und weil die meisten Versuche, Organizing-Strukturen aufzubauen, durch die Angriffe einer Opposition zerschlagen worden sind, die keine Regeln des Fair Play oder moralische Grundsätze kennt, ist es unbedingt erforderlich, dass die Organizer und Leader eines solchen Prozesses nicht nur die Notwendigkeit, das Wesen und die Zielsetzung der Konflikttaktiken verstehen, sondern mit ihrer Anwendung vertraut werden und sie schließlich beherrschen.

Organizing hat sich einem ewigen Krieg verschrieben. Es ist ein Krieg gegen Armut, Elend, Kriminalität, Krankheiten, Ungerechtigkeit, Hoffnungslosigkeit, Verzweiflung und Unglück, (...) Ein Krieg ist keine intellektuelle Debatte, und im Krieg gegen soziale Ungerechtigkeit gibt es keine Regeln des Fair Play. (...)

In unserem Krieg gegen soziale Ungerechtigkeit kann es keinen Kompromiss geben. (...) Radikale kämpfen um den Sieg. (...)

Für Außenstehende ist es leicht, sich in luxuriöser Sicherheit zu entspannen und über die Taktiken und Strategien eines Organizing-Prozesses kritisch herzuziehen, dessen Mitglieder für ihre Kinder kämpfen, für ihre Wohnungen, für Arbeitsplätze, für ihr eigenes Leben. Diese Außenstehenden haben die Zeit, sich an gemächlichen demokratischen Diskussionen zu beteiligen, haarspalterisch jede einzelne Formulierung einer kleinen Resolution zu bekakeln. Mit Horror betrachten sie die blitzschnellen, groben, nicht sehr präzisen Hals-über-Kopf-Entscheidungen in einem Organizing-Prozess. Leider sind bei diesem die Voraussetzungen nicht immer gegeben, dass ein Vorstand ein Problem in aller Ruhe diskutiert, an einen Ausschuss überweist und alle Möglichkeiten der Geschäftsordnung voll ausgenutzt werden. Dieser Luxus bleibt Menschen verwehrt, die sich plötzlich im Zentrum heftiger Angriffe ihrer Gegner befinden. Die Menschen in einer Basisorganisation können es sich einfach nicht leisten, im Saft der gerechten Gefühle ihrer Empörung zu schmoren. Sie kämpfen dafür, dass das Leben lebenswert wird, und jeder Angriff des Gegners verlangt einen Gegenangriff.

Die Basisorganisation lebt nicht bequem und gelassen in einem Elfenbeinturm, wo sie nicht nur kontroverse Themen diskutieren, sondern auch entscheiden kann, ob sie in einem Fall Partei ergreifen soll oder nicht. Im wirklichen Leben kümmern sich Konflikte – wie so viele andere Dinge, mit denen wir konfrontiert werden – nicht darum, ob sie uns in diesem Augenblick gerade passen oder ob wir glauben, der Zeitpunkt zum Kampf sei gekommen.

Eine Basisorganisation lebt in einer Welt harter Realitäten. Sie lebt inmitten von vernichtenden Kräften, brutalen Kämpfen, heftigen Gegenströmen, zerreißenden Leidenschaften, Auseinandersetzungen, Verwirrung, scheinbarem Chaos, zwischen heiß und kalt, im Elend und im Drama, in dem, was Menschen nüchtern „Leben“ nennen und Studenten als „Gesellschaft“ beschreiben.

Der Unterschied zwischen den üblichen Protestformen und den Taktiken auf Leben und Tod eines Organizing-Prozesses wird durch den Kampf einer der mächtigsten Basisorganisationen des Landes veranschaulicht. Einer der Leader dieser Organisation beschrieb die angewandten Methoden „im Kampf des Volkes gegen Boss", wie man das nannte:

Der Riese unter den Einzelhandelsgeschäften im Across the Tracks trägt den Namen Boss. Durch seine Größe, sein Umsatzvolumen und seine Kapitalstärke gehört er zweifelsohne zum „Big Business". Boss befindet sich an der Ecke Main Street/ Washington Road im Zentrum des Across the Tracks. Seit der Jahrhundertwende steht sie da, die glitzernde Burg des Konsums in einem Tal des Elends. Boss' Größe spiegelte umgekehrt sein Interesse für die örtliche Bevölkerung wider. Boss war der Allergrößte, und seine finanziellen Rücklagen waren die höchsten, seine Preise die niedrigsten. Solch eine wirtschaftliche Stellung schien uneinnehmbar, zum Teufel mit Public Relations. Solange Joe Dokes seinen Schnaps bei Boss billiger bekam, würde er ihn dort kaufen, egal, was die Leute sagten. Geld zählt. Black and White Whisky kostete überall 3,25 Dollar, bei Boss 2,25 Dollar. Warum sollten die bei Boss sich um Public Relations kümmern? Sie besaßen sie, denn Geld zählt. Sollten doch die Tante-Emma-Läden die religiösen Communities und Gewerkschaften im Viertel unterstützen oder für Jugendgruppen oder den Bau eines Freizeitzentrums blechen. Sollten sie die Zeche zahlen, diese Dummköpfe! Sie waren ja nicht besser als die Bevölkerung. Aber nicht Boss. Die waren groß genug und brauchten sich keine Sorgen zu machen, was diese Community oder jene Organisation dachte. Sie waren so groß, dass sie die kleinen Leute gar nicht sehen konnten.

Die von Boss ignorierten völlig die örtlichen Einrichtungen: Sie spendeten nie einer religiösen Community oder einem Stadtteilverein Geld, sie zeigten keinerlei Interesse am Wohlergehen des Viertels. Ihr anmaßendes und überhebliches Auftreten führte dazu, dass mindestens zwei Kirchen ihre Community-Mitglieder aufforderten, Boss zu boykottieren. Boss begegnete diesen Boykotts mit seinem todsicheren Rezept: Die Firma machte Werbung für Markenprodukte, deren Preise sie drastisch gesenkt hatte. Die meisten Leute nahmen keine Notiz von den Boykottaufrufen ihrer

Pfarrer und Priester, und Boss' Geschäft florierte mehr denn je. Es gab auch ständig Beschwerden und Kritik bezüglich der Löhne und Arbeitsbedingungen bei Boss. Obwohl Boss jeden Boykott einer religiösen Community durch Preissenkungen erfolgreich unterlief, fühlten sich gleichzeitig die Pfarrer und Priester in ihrem Stolz und in ihrem Ansehen immer verletzter. Verbitterung und Feindseligkeit wuchsen.

Mehr als alles andere verursachte höchstwahrscheinlich Boss' Public-Relations-Politik in der Weihnachtszeit weitere Verbitterung. Seit Jahren war es im Across the Tracks Brauch gewesen, im Advent eine Sammlung durchzuführen, um bedürftigen Familien im Viertel zu Weihnachten einen Präsentkorb zu überreichen. Schulkinder kratzten dafür ihr Kleingeld zusammen. Aber dieser Koloss von Kaufhaus, der alle kleinen Läden wie ein Riese überschattete, steuerte Süßigkeiten im Wert von 3,50 Dollar bei! Gerüchten im Viertel zufolge betrug der Einkaufspreis der Süßigkeiten für Boss etwa 40 Cent. Dies erregte die Gemüter im Viertel, und nach zwei Jahren hieß es überall: „Demnächst ist Weihnachten. Vielleicht wird Boss, großzügig wie der Laden ist, Süßigkeiten im Wert von 50 Cent spenden anstatt von 40."

Die eiskalte Gleichgültigkeit von Boss brachte die Bevölkerung zum Kochen. Wie ein Schneeball, der immer größer wird, wenn er einen Berg herunterrollt, so wuchs die Wut im Viertel. Die Situation verschärfte sich mit jedem Tag. Mehr und mehr Leute fanden sich mit jeder Woche, deren Hass so kalt geworden war wie die eisige Gleichgültigkeit von Boss.

Die Situation glich einem Pulverfass, das durch den kleinsten Funken zur Explosion gebracht werden konnte. Es war wahrscheinlich, dass gerade zur Weihnachtszeit dieser winzige Funken überspringen könnte.

Mitte November 1941 zündete es. Etwa 250 Leute aus dem Viertel, die bei Boss arbeiteten, traten der Gewerkschaft bei und streikten. Diese Leute kannten wir sehr gut: Von vielen kannten wir die Vornamen. Einige von ihnen hatten in unseren Kirchen geheiratet. Einige waren hier getauft worden. Fast alle gehörten einem Sportverein des Viertels an. Diese Leute waren unsere Leute!

Die Stimmung gegen Boss stieg langsam, aber sicher zum Explosionspunkt. Boss war das Gesprächsthema. In dem Slogan der streikenden Gewerkschaft „Bei Boss beginnt das Leben mit 14 Dollar in der Woche" war der aufgestaute Hass, die Voreingenommenheit und Feindschaft der Bevölkerung gegen Boss auf den Punkt gebracht worden.

Durch den Organizing-Prozess begannen die Leute aktiv zu werden. Eine Suppenküche für die Streikenden wurde eingerichtet. Pfarrer und Priester führten für die Sache einen Kreuzzug von den Kanzeln aus durch, und die Anführer der Organisationen sprachen vor ihren Mitgliedern. Eine organisierte Bevölkerung setzte sich in Bewegung. Pläne für einen Streik des ganzen Viertels gegen Boss wurden geschmiedet. Ende November schien es sicher zu sein, dass die Vereinigten Staaten den ersten Verbraucherboykott ihrer Geschichte erleben würden. Die aufgebrachte Bevölkerung im Across the Tracks war zu der Entscheidung gelangt, dass es einen völligen Boykott von Boss geben sollte. Ein Streik des ganzen Viertels mit Streikposten aus dem ganzen Viertel: Geistliche, Gewerkschaftsführer, die Leader sämtlicher Minderheiten, sozialer, religiöser, geschäftlicher und nationaler Vereinigungen Seite an Seite – 120 000 Menschen gegen 10 000 000 Dollar. Ein Kampf, der nur ein Ergebnis haben konnte: den Sieg der Bevölkerung.

Angesichts eines Kampfes mit diesen Dimensionen berief die Basisorganisation einen „Kriegsrat", um den „Boss-Krieg" anzuführen. Ich wurde zum Vorsitzenden gewählt. (…)

Um einen wirksamen Streik des Viertels gegen Boss zu führen, musste nicht allein die Zurückhaltung aufgegeben, sondern eine schon aufgebrachte Bevölkerung weiter angetrieben werden. Während es keinen Zweifel gab, dass dies innerhalb von 24 Stunden geleistet werden konnte, hatten wir ernste Sorgen, ob das Viertel, sobald es derart angeheizt wäre, unter Kontrolle gehalten werden könnte und sich nicht auf Gewaltakte einlassen würde, die letztlich dem Organizing-Prozess schadeten. (...)

Im Bewusstsein dessen begannen wir mit einem Hinhaltemanöver. Ausschlaggebend dafür war der Gedanke, dass sich mit der Zeit die Gemüter beruhigen würden und dass durch eine Verzögerung die Gefahr möglicher direkter gewaltsamer Aktionen durch die Bevölkerung verringert würde.

Bei dem unerhörten Feuer, Eifer und Zorn aufseiten der Basisorganisation, die in gefährlichem Maß entflammt waren, schien es nur einen Weg zu geben, dies zu kontrollieren und sicher in einer sorgsam durchdachten strategischen Kampagne münden zu lassen, die zum Sieg führen würde: noch verbitterter und noch bestimmter als alle anderen aufzutreten und dann zu sagen: „Folgt mir" – und sie in ruhigere Gewässer zu lotsen. (...) Mit anderen Worten: Wir wollten einen unblutigen Sieg.

Wir entschlossen uns, die Strategie der Kampagne an der einen großen Schwäche von Boss anzuknüpfen: der überlegenen, arroganten Art des Unternehmens, mit Menschen umzugehen. Und da Boss den Kampf führen würde, ohne sich an irgendwelche Regeln zu hatten, wollten wir dies auch.

Das Organizing-Team veranstaltete am 15. Dezember eine Versammlung und verlangte vom „Kriegsrat" Aktionen. Als wir verkündeten, die Zeit dazu sei gekommen, konnte man in den Gesichtern aller Anwesenden große Erleichterung feststellen. Ich musste erkennen, welche Anstrengungen es sie gekostet haben musste, bei unserer vorangegangenen Hinhaltetaktik mitzumachen. Alle fingen auf einmal an, durcheinanderzureden: „Endlich, jetzt sind sie dran." – „Was ich nicht verstehe, ist: Warum habt ihr so lange gewartet?" – „Jetzt aber los, jetzt aber los, kommt!"

Wir diskutierten einige Zeit, wie der erste Schuss abgefeuert werden sollte, und einigten uns schließlich, uns wie ein Bürger-Gericht zu verhalten und Boss die Möglichkeit zu geben, seine Sicht des Falls darzulegen. Dann könnte uns keiner beschuldigen, sie angegriffen, ohne sie angehört zu haben. Nachdem wir das beschlossen hatten, versuchten wir, mit dem Präsidenten der Boss Company zu sprechen, aber seine Sekretärin wies uns ab, er sei in einer Konferenz. Die hochnäsigen Boss-Bosse verhielten sich so, wie wir es uns vorgestellt hatten. „Wenn sie so weitermachen", dachten wir uns, „werden wir gewinnen." Nachdem wir vergeblich versucht hatten, sie telefonisch zu erreichen, entschieden wir uns, ein Telegramm zu schicken, das dem Präsidenten der Boss Company persönlich übermittelt werden sollte. Das Telegramm hatte folgenden Wortlaut:

„Heute Nachmittag wurde bei der Sekretärin des Präsidenten von Boss folgende Nachricht hinterlassen: Im Namen der Basisorganisation, die alle Kirchen, Vereine und Verbände im Across the Tracks vertritt, wenden wir uns an Sie. Von unseren Mitgliedern sind wir aufgefordert worden, dem gegenwärtigen Streik in Ihrem Kaufhaus auf den Grund zu gehen. Sie oder einer Ihrer Vertreter werden ersucht, morgen um 14 Uhr in der Community Hall der Across the Tracks-Organisation zu erscheinen. Es war und es wird die Politik der Across the Tracks-Organisation sein, eine faire Anhörung beider Seiten durchzuführen, bevor Schritte unternommen werden.
Kriegsrat und Bürgergericht der Across the Tracks-Organisation"

Dieses Telegramm an den Präsidenten von Boss forderte ihn zum Erscheinen auf, um das Anliegen seines Unternehmens gegen die Streikenden zu vertreten. Wir informierten ihn, dass nach der Anhörung der Basisorganisation eine Entscheidung gefällt und dementsprechende Schritte eingeleitet werden sollten. Boss wies empört die Einladung zurück und beschwerte sich hysterisch: „Bürgergerichte, das gibt's in Russland! Wir leben in den Vereinigten Staaten von Amerika. Wir glauben an das amerikanische Recht, nicht an Bürgergerichte."

In Abwesenheit des Boss-Präsidenten führte der „Kriegsrat" der Across the Tracks-Organisation seine Anhörung durch, ließ sich von der Gewerkschaft den Konflikt darstellen und entschied, die Streikenden zu unterstützen. Anschließend veröffentlichte er eine kurze Erklärung an die Adresse von Boss, in der er fragte, ob das Unternehmen angesichts dieses Urteils irgendeinen Grund sähe, warum die Across the Tracks-Organisation keine Schritte unternehmen sollte, um ihrer Entscheidung Geltung zu verschaffen.

Innerhalb von einer Stunde war der Rechtsanwalt des Unternehmens am Telefon. Er bestand darauf, dass wir in sein Büro kommen sollten. Ich wollte das eigentlich ablehnen, aber bei einem flüchtigen Blick aus dem Fenster bemerkte ich ein stürmisches Schneetreiben – eine glänzende Gelegenheit, die Arroganz von Boss durch die Aufforderung zu demonstrieren, fünf Priester, drei Pfarrer, vier Geschäftsleute und drei Gewerkschaftsführer sollten durch den kalten Schneesturm stapfen, um einen einzigen Anwalt von Boss zu treffen! Außerdem würde er als Boss-Anwalt genau die richtige Bühne bieten, auf die man aus der Kälte kommt: Wir, die erniedrigten Armen des Across the Tracks, erscheinen in einem großen Büro, dessen Einrichtung Tausende von Dollar gekostet hat. Ich nahm die Einladung an. Meine kühnsten Hoffnungen wurden übertroffen. Wir kamen aus dem Schnee in die luxuriösen Büroräume von Großkotz, Großkotz, Großkotz & Großkotz. Herr Großkotz machte einen furchtbaren Fehler, indem er versuchte, uns mit all seinem Reichtum und seiner Macht zu beeindrucken. Da es nicht genügend Stühle im Konferenzraum gab, schlug er einem der Priester vor, sich selbst einen Stuhl aus dem Vorraum zu holen. Das brachte das Fass zum Überlaufen. Es ging eigentlich nicht um diesen Vorfall selbst, aber das passte genau in das Bild der Verachtung und Geringschätzung, das Boss und seine Vertreter dem kleinen Mann boten.

Wahrend unserer Unterredung (...) verhielt sich Herr Großkotz herablassend. (...) Wütend sprang er auf und bellte: „Wollt ihr Leute mit euren Anspielungen die Integrität unseres Klienten Boss verletzen?“ Wir lachten. Irgendjemand sagte: „Wir machen keine Andeutungen, wir sagen unsere Meinung.“ Großkotz setzte sich und sah uns grimmig an. „Ich möchte Ihre Namen und Organisationen wissen“, sagte er und nahm einen Stift in die Hand. „Wofür?“, fragten wir. „Für den Bericht«, erwiderte er. Ich trieb ihn in die Enge: »Was für einen Bericht?“ Er errötete. „Den Bericht, wissen Sie, den Bericht!“ „Ich weiß überhaupt nichts“, antwortete ich. Großkotz schaute finster drein. „Haben Sie Angst, mir Ihre Namen zu nennen?“

Ich dachte mir: „Nun, warum nicht? In diesem Kampf geht es um alles, und sofern Boss irgendwas mit den Namen anstellt, wird das höchstwahrscheinlich etwas sein, was für uns letztlich nur vorteilhaft sein kann, denn ausgehend von dem

Scharfsinn, den sie bislang bewiesen haben, werden sie nichts Richtiges machen." Wir gaben ihm unsere Namen und marschierten hinaus in den Schneesturm.

Am nächsten Morgen ging es los. Bewaffnete Schlägertrupps (...) tauchten in unserem Viertel auf und drohten denjenigen, die ihre Namen Großkotz gegeben hatten, Körperverletzungen und Schlimmeres an, falls sie sich nicht von der Sache distanzierten. In ihre dunklen Gewaltandrohungen schlossen sie Pfarrer und Priester ein und nannten sie namentlich. Gegenüber einzelnen Mitgliedern der Across the Tracks-Organisation wurden Äußerungen wie diese gemacht: „Wenn du gesund bleiben willst, dann hör auf, mit Boss zu spielen!" Oder: „Wenn du weiter atmen willst, halt deinen Arsch aus der Schusslinie! Wir meinen es ernst." Auf unsere Frage, woher sie unsere Namen hätten, erwiderten sie: „Ihr wisst verdammt genau, woher wir sie haben."

Wir riefen Großkotz an, und er gab zu, die Namen weitergegeben zu haben (...). Wir erzählten ihm, was passiert war, und er entgegnete ruhig, dafür sei er nicht verantwortlich. Wir erwiderten: „Das glauben Sie! Hören Sie mal zu, Freundchen, wenn Sie ein Auto starten, einen Gang einlegen und dann rausspringen, dann sind Sie verantwortlich für das, was geschieht. Sie haben unsere Namen einer Bande von Killern gegeben, und was immer passieren mag, ist von jetzt an Ihre Verantwortung."

„Warten Sie, warten Sie ...", platzte er dazwischen. Seine Stimme hörte sich reichlich panisch an. Wir legten den Hörer auf.

An diesem Abend beschlossen wir, dass die Zeit zum Angriff da war. Die günstige Gelegenheit bot sich jetzt. Die Schnitzer der Boss-Bosse hatten sie so verwundbar gemacht, dass mit einer bestimmten Strategie der Krieg gewonnen werden könnte, ohne dass es zu den verheerenden Folgen käme, die wir befürchtet hatten. Der richtige Augenblick zum Angriff war da, um sowohl den Krieg ohne einen Krieg zu gewinnen als auch unseren Leuten eine befriedigende Möglichkeit zu bieten, Dampf abzulassen. Wir entwickelten folgende Strategie, um dies zu erreichen: Zunächst wollten wir einen Angriff von solch verheerenden Ausmaßen und so teuflischer Art vorbereiten, dass er in jeder Hinsicht sogar Leute wie die Boss-Bosse schockieren würde. Wir gestalteten das Bühnenbild dementsprechend. Ein Teil des Vorhangs sollte vorsichtig ein Stück weit vor den Spitzeln von Boss gelüftet werden, sodass

Boss das gesamte Bühnenbild übermittelt würde, dabei davon ausgehend, dass es sich lediglich um das Vorgeplänkel handelte nach dem Motto: „Möge dir Gott helfen, sobald du weißt, was in der Schlacht wirklich auf dich zukommt." Wenn wir Boss durch Drohungen und Abschreckung zur Kapitulation treiben könnten, hätten wir gesiegt. In diesem Fall würden die enormen Opfer eines langen Kampfes vermieden. Wir fingen an, unser Gruselkabinett auf der Bühne aufzubauen. Zunächst handelten wir nach der goldenen Regel: „Geh mit Boss genauso um, wie Boss mit dir umgeht." Wir gestalteten die Dramaturgie, um Boss als Verfechter einer totalitären Ideologie zu reizen, die ihren Ausdruck fand in niedrigen Löhnen, dem Einsatz von Gangstern und Killern und der mit dem Amerikanertum unvereinbaren Weigerung, die Rechte der Gewerkschaften anzuerkennen. Nach den Gewaltandrohungen gegen Mitglieder unserer Organisation, darunter Priester und Pfarrer, die an einem Sonnabend gemacht worden waren, bereiteten wir uns darauf vor, am Dienstag vor Gericht zu ziehen, um eine einstweilige Verfügung zu beantragen, die es Boss verbot, protestantische Pfarrer und katholische Priester zu ermorden. Wir rechneten uns keine Chancen aus, damit durchzukommen, trotzdem würde die Publizität, die mit unserer Aktion verbunden wäre, das Boss-Imperium völlig aus dem Geschäft werfen. Boss hatte uns die Trumpfkarte geschenkt. Diese und andere Boss-Schnitzer konnten wir uns zunutze machen, um ein furchtbares Frankenstein-Monster aufzubauen.

Die Inszenierung fand am Sonntag statt. Einem Boss-Spitzel gestatteten wir einen kurzen Blick hinter den Vorhang, wobei er erfuhr, dass am Dienstag um zehn Uhr die Stunde der Wahrheit schlagen würde. Die Würfel waren gefallen, und falls Boss nun nicht kapitulierte, käme es zu einem langen und blutigen Krieg. Am Montagabend ergab sich der Boss-Präsident bedingungslos. (...)

Nehmen wir einmal an, das Organizing-Kommitee ist nicht in der Lage, mit gleichen Waffen zurückzuschlagen. Ein Leader einer Basisorganisation im Westen der USA macht die folgenden Anmerkungen über Taktiken in einem solchen Fall:

„Es gibt da eine Sache, die man immer im Kopf haben sollte, falls sich jemand in der Aufbauphase auf die Organisation stürzt, zu der Zeit, wo sie noch nicht sehr stark ist. Natürlich ist die Antwort einfach, wenn die Basisorganisation stärker als ihr Gegner ist: Man zerschmettert die Opposition. Ist aber der Gegner stärker, kann man als Erstes versuchen, durch ein Bündnis mit anderen Gruppen seine Stärke zu erreichen oder zu übertreffen. Sollte das aber nicht möglich sein und der Kampf mit einem Gegner beginnen, der weitaus stärker als man selbst ist, kann ich nur eins dringend empfehlen: Wenn der Gegner anfängt, nicht nur mit größerer Stärke, sondern auch mit einem Plan auf dich loszugehen, der zwangsläufig zu deiner Niederlage führt, dann erinnere dich zunächst immer daran, dass du seinen Plan durchkreuzen musst. Den Plan des Gegners zu vereiteln ist keineswegs so schwierig, wie viele glauben. Jeder Schritt dieses Plans beruht auf Annahmen, welche Schritte du deinerseits unternimmst. Um es zu vereinfachen, versetzen wir uns in die Rolle eines Boxers: Er hat vor, deinen Magen zu treffen, damit du deine Deckung herunternimmst, und sobald du das getan hast, wird er dir ins Gesicht schlagen. Sobald er dich dort trifft und du die Deckung hochziehst, um dein Gesicht zu schützen, wird er dir in den Magen schlagen. Jeder Treffer, jeder Schritt beruht auf der Annahme, dass du in der vorausgesehenen Weise reagierst. Verhalte dich also nicht so, und die Pläne deines Gegners fuhren in die Sackgasse. Reagiere nicht in der üblichen, erwarteten Weise, verfolge keinen eigenen Plan. Begib dich in einen Zustand völliger Verwirrung, und ziehe deinen Gegner in den Strudel dieser Verwirrung. Zumindest hast du so eine Chance, die du nicht hättest in einem Kampf mit genau festgelegten Plänen und genau kalkulierbaren Kräften, bei dem die Kräfte des Gegners deinen weit überlegen sind."

Taktik bedeutet, das zu tun, was man kann, mit dem, was man hat. (…) In der Welt des Gebens und Nehmens ist Taktik die Kunst des richtigen Gebens und Nehmens. Wir wollen uns hier mit der Taktik des Nehmens beschäftigen, nämlich wie die Ausgebeuteten den Herrschenden und Besitzenden Macht nehmen.

Um ein wenig zu veranschaulichen, was Taktik ist, wollen wir das Gesicht nehmen: Augen, Ohren und Nase. Zunächst die Augen: Wenn man eine große, mitgliederstarke Basisorganisation aufgebaut hat, kann man damit sichtbar vor dem Gegner protzen und offen die eigene Macht demonstrieren. Nun die Ohren: Falls die Organisation noch klein sein sollte, muss man das tun, was Gideon tat – verheimliche die Zahl der Mitglieder, aber verursache einen Lärm und ein Geschrei, dass die Zuhörer glauben, deine Organisation sei größer, als sie tatsächlich ist. Schließlich die Nase: Falls deine Organisation zu klein sein sollte, um Krach zu schlagen, verbreite überall einen Gestank wie die Pest.

Erinnere dich immer an die erste Regel der Machttaktiken: Macht ist nicht nur das, was du besitzt, sondern das, von dem der Gegner meint, dass du es hast.

„Entweder werden wir einen Weg finden oder uns einen bauen."

Hannibal

Die zweite Regel lautet: Verlasse niemals den Erfahrungsbereich der eigenen Leute. Wenn eine Aktion oder eine Taktik außerhalb des Erfahrungsbereichs der Leute liegt, dann führt das zu Verwirrung, Angst und Zurückhaltung. Darüber hinaus hat es einen Zusammenbruch der Kommunikation zur Folge, wie wir bereits festgestellt haben.

Die dritte Regel ist: Wo immer es möglich ist, verlasse den Erfahrungsbereich des Gegners. Hier will man ja gerade Verwirrung, Angst und Zurückhaltung erreichen. (...)

Die vierte Regel ist: Zwinge den Gegner dazu, nach seinen eigenen Gesetzen zu leben. Damit kannst du ihn umbringen – weil er nie seinen eigenen Gesetzen gehorchen wird, wie die Kirche nie dem christlichen Glauben gerecht werden kann.

Die vierte Regel beinhaltet schon die fünfte: Spott ist die stärkste Waffe des Menschen. Es ist fast unmöglich, gegen Spott anzukämpfen. Außerdem macht er den Gegner wütend, welcher dann zu deinem Vorteil reagiert.

Die sechste Regel heißt: Eine gute Taktik macht deinen Leuten Spaß. Wenn sich die Leute nicht gut amüsieren, stimmt irgendetwas nicht mit deiner Taktik.

Die siebte Regel: Eine zu schleppende Taktik wird schlapp. Der Mensch kann nur für eine begrenzte Zeit für eine bestimmte Sache ein kämpferisches Interesse entwickeln. Danach wird alles zu einer rituellen Verpflichtung wie der Kirchgang am Sonntagmorgen. Da ständig neue Probleme und Krisen auftauchen, bekommt man dann zu hören: „Nun, ich stehe voll auf eurer Seite und unterstütze euch, aber schließlich gibt es noch andere wichtige Dinge im Leben“ – und damit hat sich das.

Die achte Regel: Der Druck darf niemals nachlassen. Er muss durch verschiedene Taktiken und Aktionen aufrechterhalten werden, und alle Ereignisse, die sich für diesen Zweck bieten, müssen genutzt werden.

Die neunte Regel: Die Drohung hat in der Regel mehr abschreckende Wirkung als die Sache selbst.

Die zehnte Regel: Die wichtigste Voraussetzung für jede Taktik ist das Entwickeln einer Strategie, mit der ein konstanter Druck auf den Gegner ausgeübt wird. Nur der nie nachlassende Druck führt zu Fehlreaktionen des Gegners, die letztlich ausschlaggebend für den Erfolg der Kampagne sind. Man darf nie vergessen, dass nicht nur die Aktion eine Reaktion hervorbringt, sondern dass auch die Aktion selbst eine Konsequenz der Reaktion ist und eine Reaktion auf die Reaktion, und so geht das endlos weiter. Der Druck erzeugt die Reaktion, und konstanter Druck hält die Aktion in Gang.

Die elfte Regel ist: Wenn man etwas Negatives hart und lange genug vorantreibt, wird sein Gegenteil durchbrechen. Dies beruht auf dem Prinzip, dass jedes Positiv ein Negativ besitzt. Wir haben bereits die Umkehrung des Negativen ins Positive bei Mahatma Gandhis Strategie des passiven Widerstandes gesehen. (...)

Die zwölfte Regel: Der Preis für einen erfolgreichen Angriff muss eine konstruktive Alternative sein. Wir dürfen nicht riskieren, uns durch plötzliche Zugeständnisse des Gegners in eine Falle locken zu lassen und zu sagen: „Sie haben Recht – wir wissen nicht, wie wir das Problem lösen sollen. Nun erzählen Sie uns mal, was Sie dazu meinen."

Die dreizehnte Regel: Wähle eine Zielscheibe, nagle sie fest, personalisiere sie und schieße dich auf sie ein.

Bei der Konflikttaktik gibt es bestimmte Regeln, die der Organizer immer als allgemeingültig ansehen sollte. Eine davon ist, dass man aus der Opposition eine Zielscheibe auswählen und festnageln muss. Damit meine ich: In einer komplexen, verflochtenen, verstädterten Gesellschaft wird es immer schwieriger, den Verantwortlichen auszumachen, der an einem bestimmten Missstand die Schuld trägt. Ständig werden die Verantwortlichkeiten, sogar mit einer gewissen Berechtigung, hin- und hergeschoben. In unserer Zeit der Verstädterung, der komplizierten Behördenapparate, der miteinander verflochtenen Konzerne und der Verschachtelung politischen Lebens zwischen Städten, Landkreisen und Bundesstaaten ist das Problem, das sich immer drohender abzeichnet, den Gegner zu identifizieren. (...) Bei einem Konzern kann es passieren, dass der Präsident des Konzerns sagt, nicht er trüge die Verantwortung, sondern der Aufsichtsrat. Der Aufsichtsrat schiebt der Aktionärsversammlung den Ball zu, und so weiter und so fort. (...)

Wir sollten immer im Hinterkopf haben, dass die Zielscheibe immer die Verantwortung abwälzen will, um sich aus dem Schussfeld zu bringen. Es gibt da ein ständiges Ausweichen und Gerangel und auch Strategien – sinnvolle, manchmal boshafte, manchmal aber nur welche, um zu überleben – von demjenigen, den man als Zielscheibe ausgewählt hat. Die Kräfte der Veränderung müssen sich dessen bewusst sein und die Zielscheibe sicher festnageln. Wenn eine Organisation es zulässt, dass die Verantwortlichkeiten in alle Richtungen verstreut und verteilt werden, wird ein Angriff unmöglich. (...)

Ein Kriterium für die Auswahl einer Zielscheibe ist ihre Verwundbarkeit – haben wir genug Kraft, um sie zu treffen? Überdies kann jede Zielscheibe sagen: „Warum zielen Sie gerade auf mich? Es gibt doch genug andere, die genauso verantwortlich sind." Wenn man eine Zielscheibe ins Visier nimmt, lässt man – für einen Augenblick – diese Argumente und alle anderen Schuldigen außer Acht.

Dann, wenn du dich einschießt und dein Ziel festnagelst und deinen Angriff durchführst, kommen „die anderen" sehr schnell aus dem Dickicht heraus. Dass sie die Zielscheibe unterstützen, wird so deutlich.

Der andere wichtige Punkt bei der Auswahl der Zielscheibe ist die Notwendigkeit der Personifizierung, denn man darf nicht etwas Allgemeines, etwas Abstraktes wie die Rassendiskriminierung einer Community oder eines größeren Konzerns oder der Stadtverwaltung anprangern. Es ist nicht möglich, die notwendige Feindseligkeit gegen, sagen wir mal, die Stadtverwaltung zu entwickeln, die ja schließlich ein zusammengeballtes, lebloses Gebilde ist, oder gegen einen Konzern, der keine Seele oder Identität besitzt, oder gegen eine Schulbehörde, die wiederum ein lebloses System ist.

John L. Lewis, der Führer der radikalen CIO-Gewerkschaft in den dreißiger Jahren, war sich dessen sehr bewusst, und deshalb griff die CIO niemals General Motors an, sondern immer seinen Präsidenten Alfred Sloan, der „Eiswasser in seinen Venen hatte". Sie griffen nicht die Republic Steel Corporation an, sondern ihren Präsidenten Tom Girdler „mit den blutigen Händen" (...). Lass dich nie von deiner Zielscheibe abbringen.

Mit der Konzentration auf sie kommt die Polarisation. Wie ich schon angedeutet habe, müssen alle Probleme polarisiert werden, wenn Aktionen folgen sollen. Die klassische Bemerkung über Polarisation stammt von Jesus: „Wer nicht mit mir ist, der ist wider mich" (Lukas 11, 23). Etwas dazwischen hat er den Wechslern im Tempel nicht zugestanden. Entschlossen kann nur handeln, wer überzeugt ist, dass die Engel auf der einen und die Teufel auf der anderen Seite stehen. Ein Leader, der um eine Entscheidung kämpft, mag die Vor- und Nachteile einer Situation, die zu 52 Prozent positiv und zu 48 Prozent negativ sind, abwägen, aber sobald die Entscheidung getroffen ist, muss er davon ausgehen, dass seine Sache 100-prozentig positiv ist und die des Gegners 100-prozentig negativ. Er kann sich doch nicht ewig im Kreis drehen und eine Entscheidung vermeiden. Er kann doch nicht endlos alle Argumente abwägen und über sie nachdenken – er muss sich entscheiden und handeln. Sonst gelten Hamlets Worte:

> Der angebornen Farbe der Entschließung
> Wird des Gedankens Blässe angekränkelt;
> Und Wagestücke hohen Flugs und Werts,
> Durch diese Rücksicht aus der Bahn gelenkt,
> Verlieren so der Handlung Namen. (...)

Die Bedeutung der Polarisation hat Ruth McKenney in „Industrial Valley“, ihrer klassischen Studie über die Anfänge der Organisation der Gummi-Arbeiter in Akron (Ohio), ausgezeichnet veranschaulicht:

(John L.) Lewis sah den Arbeitern von Akron ruhig ins Auge. Er hatte sich die Mühe gemacht, sich mit genauen Informationen über die Gummi-Industrie und die Goodyear Tire and Rubber Company vorzubereiten. Er hielt keine vage, allgemein bleibende Rede, wie es die Gummiarbeiter von Green (dem Präsidenten des AFL-Gewerkschaftsbundes) gewohnt waren. Lewis nannte Namen und führte Zahlen an. Seine Zuhörer wurden aufgerüttelt und zeigten sich begeistert, als er Cliff Slusser beim Namen nannte, ihn beschrieb und öffentlich an den Pranger stellte. Die AFL-Führer, die in jenen Tagen nach Akron kamen, erinnerten sich höchstens daran, wer Paul Litchfield war.

Lewis' Rede war ein Schlachtruf, ein Aufruf. Er fing damit an, die horrenden Profite der Gummi-Industrie zu nennen, die sie selbst in den schlimmsten Zeiten der Weltwirtschaftskrise hatte einstreichen können. Er erwähnte Goodyears Personalpolitik und zitierte Litchfields fromme Meinung über die Partnerschaft von Kapital und Arbeit.

„Was“, sagte er mit seiner tiefen, zornigen Stimme, „haben die Goodyear-Arbeiter vom Wachstum des Konzerns gehabt?“ Die Zuhörer rutschten auf ihren Sitzen hin und her, gespannt wie ein Flitzbogen.

„Partnerschaft!“, spöttelte er. „Nun, theoretisch mögen Arbeit und Kapital Partner sein, aber in Wirklichkeit sind sie Gegner.“ (…)

Die Gummiarbeiter hörten verwundert und mit großer Begeisterung zu. William Green sprach gewöhnlich über die Partnerschaft von Kapital und Arbeit genauso beredt zu ihnen wie Paul Litchfield. Hier hatte ein Mann Tatsachen in Worte – welch überzeugende und gebildete und sogar gewählte Worte – gefasst, von denen sie wussten, dass sie ihren eigenen Erfahrungen entsprachen. Hier sagte ein Mann Dinge, die für einen Arbeiter an einer Reifenmaschine bei Goodyear einen Sinn hatten.

„Organisiert euch!", schrie Lewis, und seine Stimme hallte in der Fabrikhalle wider. „Organisiert euch!", rief er und haute auf das Rednerpult, bis es wackelte. „Organisiert euch! Geht zu Goodyear und fordert einen Teil der Dividenden. Sagt denen, wir sind doch Partner, oder? Wir sind es nicht. Wir sind Feinde."

Die eigentliche Aktion besteht in der Reaktion des Gegners.

Ein richtig gereizter und in seinen Reaktionen gelenkter Gegner wird zu unserer größten Stärke.

Taktiken erfordern – wie die Organisation, wie das Leben –, dass man sich mit der Aktion fortbewegt.

Der Schauplatz ist Rochester im Bundesstaat New York, die Heimat von Eastman Kodak – oder besser Eastman Kodak, die Heimat von Rochester, New York. Rochester wird buchstäblich von diesem Industriegiganten beherrscht. Dass einer Kodak bekämpfen oder öffentlich herausfordern könnte, liegt an sich völlig außerhalb des Erfahrungsbereichs Rochesters. Selbst bis zum heutigen Tag gibt es noch keine Gewerkschaft im Konzern. Gemessen an der Einstellung Kodaks der Öffentlichkeit gegenüber nimmt sich ein bevormundender Feudalismus wie soziale Mitbestimmung aus.

Rochester rühmte sich damit, eine der kulturellen Kronjuwelen der USA zu sein – es besaß Bibliotheken, Schulen aller Art, Universitäten, Museen und sein bekanntes Sinfonieorchester. (...) Aus dem schwarzen Ghetto Rochesters kam die Einladung an mich, es zu organisieren. Sobald mein Name erwähnt wurde, war die Stadt in hellem Aufruhr. Was immer ich machte, sorgte für Nachrichten. Sogar mein alter Freund und Lehrer John L. Lewis rief mich an und knurrte ironisch: „Ich nehme es dir sehr übel, dass du in Rochester noch verhasster bist, als ich es war." Das war die Ausgangslage.

Als ich eines der ersten Male auf dem Flughafen ankam, wurde ich von Reportern umringt. Die erste Frage war, was ich von Rochester als Stadt hielte, und ich antwortete: „Sie ist doch nichts anderes als eine riesige Sklavenkolonie, die man aus dem Süden hierher verpflanzt hat." Auf die Frage, warum ich mich im schwarzen Ghetto „einmischen" wollte nach „allem", was Eastman Kodak für die Schwarzen getan hätte (es hatte blutige Unruhen gegeben, die Nationalgarde war im letzten Sommer eingeschritten und so weiter), schaute ich verdutzt und erwiderte: „Vielleicht bin ich ein Naivling und weiß nicht, was hier los ist, aber soweit mir bekannt ist, hat Eastman Kodak nur eins in der Rassenfrage in den USA gemacht: den Farbfilm eingeführt." Kodak reagierte empört, wütend und verärgert. Sie waren nicht angegriffen oder beleidigt worden – sie waren lächerlich gemacht worden, und dies war unerträglich. Es war der erste Pfeil, der auf den großen Bullen abgefeuert worden war. Bald würden die bei Eastman so außer sich sein, dass sie zu Angriffen verleitet würden, die sie selbst zu Fall brächten. (...)

Man sollte sich immer daran erinnern, dass man dem Gegner ungestraft drohen kann. Man kann ihn beleidigen und verärgern, aber eines wird er nicht verwinden, und das wird ihn mit Sicherheit zum Reagieren bringen: wenn man ihn auslacht. Dies ruft eine irrationale Wut hervor.

Ich möchte mich mit genauen Anweisungen für diese Taktik zurückhalten. Ich erinnere mich noch an schlechte Erfahrungen, die ich mit meinem Buch „Reveille for Radicals" gemacht habe, in dem ich eine Reihe von besonderen Aktionen und Taktiken aufgezählt habe, die bei der Organisierung von Stadtvierteln angewandt wurden. Nachdem das Buch erschienen war, erhielt ich eine ganze Zeit lang Berichte, dass Möchtegern-Organizer es als Handbuch benutzten. Immer, wenn sie nicht mehr weiterwussten, zogen sie sich in eine stille Ecke zurück und blätterten herum, um eine Antwort zu finden. Es gibt keine Rezepte für besondere Situationen, weil sich ein und dieselbe Situation niemals wiederholt, ebenso wenig wie sich die Geschichte wiederholt. Menschen, Druck und Machtverhältnisse sind veränderliche Größen, und eine bestimmte Konstellation existiert nur zu einem bestimmten Zeitpunkt, selbst dann befinden sich die veränderlichen Größen konstant im Fluss. Taktiken müssen als spezielle Anwendung der Regeln und Prinzipien, die ich zuvor aufgeführt habe, verstanden werden. Es geht um die Prinzipien, die der Organizer im Kampf berücksichtigen sollte. Fantasievoll werden sie von ihm angewandt, und er bezieht sie klug auf konkrete Situationen.

Zum Beispiel habe ich mehrmals betont, was Taktik bedeutet: das zu tun, was man kann, mit dem, was man hat. Und dass Macht sich hauptsächlich immer bei denen ansammelt, die Geld besitzen, und bei denen, denen Menschen folgen. Die Mittel der Ausgebeuteten sind erstens kein Geld und zweitens jede Menge Menschen. Gut, hiervon wollen wir ausgehen. Die Menschen können ihre Macht bei Wahlen demonstrieren. Wie noch? Nun, sie besitzen ihren Körper. Wie können sie ihn gebrauchen? Alle möglichen Ideen tauchen jetzt auf. Nutze die Macht des Gesetzes, um das Establishment zur Einhaltung seiner eigenen Regeln zu zwingen. Verlasse den Erfahrungsbereich des Gegners, bleibe im Erfahrungsbereich deiner Leute. Lege Wert auf Taktiken, die deinen Leuten Spaß bringen. Die Drohung ist gewöhnlich abschreckender als die Aktion selbst. Sobald sich all diese Regeln und Prinzipien in deinen Kopf gefressen haben, werden sie zu einer Synthese.

Ich schlug vor, dass wir einhundert Karten für ein Konzert von Rochesters Sinfonieorchester kaufen sollten. Wir würden ein Konzert mit einer relativ ruhigen Musik auswählen. Die einhundert Schwarzen, die die Karten erhielten, müssten drei Stunden vor dem Konzert zu einem Essen im Viertel eingeladen werden, bei dem sie nichts anderes als Bohnen vorgesetzt bekämen und zwar jede Menge: Danach würden die Leute ins Konzert gehen – mit den vorhersehbaren Folgen. Stellen Sie sich vor, was sich abgespielt hätte! Das Konzert wäre schon vor dem ersten Satz beendet!

Wir wollen diese Taktik anhand der oben genannten Prinzipien untersuchen.

Zunächst wäre die Störung völlig außerhalb des Erfahrungsbereichs der etablierten, gutbürgerlichen Gesellschaftsschicht, die Vertrautes wie Kundgebungen, Demonstrationen, Konfrontationen und Aufmärsche erwartete. Nicht einmal in ihren wildesten Befürchtungen hätte die Besitzenden an einen Angriff auf ihr hoch geschätztes kulturelles Kleinod gedacht, ihr berühmtes Sinfonieorchester. Zweitens würde die ganze Aktion das Gesetz lächerlich und zu einer Farce machen, weil es kein Gesetz gibt und wohl auch nie geben wird, das natürliche Körperfunktionen verbietet. Hier hätte man eine Mischung aus Tönen und Geruch, die als natürliche Stinkbombe bezeichnet werden könnte. Normale Stinkbomben sind illegal und führen zur sofortigen Festnahme, aber in diesem Fall könnten die Polizei oder die Platzanweiser oder irgendwelche anderen Diener des Establishments absolut nichts dagegen unternehmen. Das Gesetz wäre völlig unwirksam gemacht worden.

Alle Leute hätten darüber geredet, was im Konzertsaal passiert wäre, und die Zuhörer hätten sich krumm- und schiefgelacht. Das Rochester Sinfonieorchester und das Establishment wären furchtbar lächerlich gemacht worden. Es gäbe für die Obrigkeit keine Möglichkeit, mit zukünftigen Attacken ähnlicher Art fertig zu werden. Was sollten sie tun? Verlangen, dass die Leute keine Bohnen essen, bevor sie ein Konzert besuchen? Jedem verbieten, einem natürlichen Druck während des Konzerts nachzugeben? Der Welt verkünden, dass Konzerte nicht durch Furzen gestört werden dürfen? Das hätte die Zukunft der Sinfoniekonzerte zerstört. Stellen Sie sich die Spannung zu Beginn eines jeden Konzerts vor! Stellen Sie sich die Gefühle des Dirigenten vor, wenn er den Taktstock hebt!

Dies fände einen bestimmten Niederschlag. Am nächsten Morgen würden die Matronen, für die die Sinfoniekonzerte eines der wichtigsten sozialen Ereignisse darstellen, ihren Ehemännern (leitende Angestellte und Geschäftsführer) am Frühstückstisch entgegentreten und sagen: „John, wir lassen uns unsere Sinfoniekonzerte nicht von diesen Leuten ruinieren! Ich weiß nicht, was sie wollen, aber was immer es ist, irgendwas muss geschehen, und diese Dinge müssen aufhören!"

Schließlich haben wir die allgemeingültige Regel, dass man einerseits den Erfahrungsbereich des Gegners verlassen muss, um für Verwirrung und Angst zu sorgen, andererseits aber das Gleiche mit den eigenen Leuten nicht machen darf, weil man sie nicht verwirren und ängstlich machen will. Wir wollen diese Regeln anhand der Sinfoniekonzert-Taktik überprüfen. Zunächst einmal befindet sich die Taktik im Erfahrungsbereich der örtlichen Bevölkerung. Außerdem wird eine andere Regel befolgt: dass die Leute bei der Taktik Spaß haben. Allerdings befinden wir uns in einer zwiespältigen

Situation. Die Reaktion der Schwarzen im Ghetto – ihr Gelächter, als die Taktik vorgeschlagen wurde – machte deutlich, dass die Taktik, zumindest in ihrer Fantasie, innerhalb ihrer Erfahrungsbereiche lag. Sie kam ihrem Hass auf die Weißen entgegen. Eines wollen alle unterdrückten Menschen mit ihren Unterdrückern tun: auf sie scheißen. Aber wir waren uns bewusst, dass sie, wenn sie dann im Konzertsaal sind, höchstwahrscheinlich das erste Mal in ihrem Leben, plötzlich inmitten von Weißen sitzen, viele von ihnen in Abendgarderobe. Diese Situation wäre so weit außerhalb ihres Erfahrungsbereichs, dass sie erstarren und in ihre alte Rolle zurückfallen könnten. Die eigentliche Idee, die sie ausführen wollten, wäre so peinlich, so demütigend, dass sie nichts unversucht gelassen hätten, um zu vermeiden, dass der Plan verwirklicht wird. Wir wussten aber auch, dass die Bohnen sie körperlich zwängen, die Taktik durchzustehen, ohne Rücksicht auf ihre Gefühle.

Ich muss betonen, dass Taktiken wie diese nicht besonders nett sind. Jeder Organizer weiß, dass eine besondere Taktik aus den Regeln und Prinzipien der Revolution erwächst, dass er immer den Vorzug der Taktik analysieren und ihre Stärken und Schwächen im Sinne der gleichen Regeln einschätzen muss.

Stellen Sie sich die Szene in dem US-Gerichtssaal in Chicago vor, wo vor Kurzem sieben des Hochverrats angeklagt waren, wenn die Beschuldigten und ihre Verteidiger ihrer Missachtung des Richters Hoffman und des Systems durch anales Trompeten Ausdruck gegeben hätten. Was hätten Richter Hoffman, die Gerichtsdiener oder irgendjemand sonst machen können? Würde der Richter sie wegen Missachtung des Gerichts durch Furzen für schuldig befinden? Dies wäre eine Taktik, für die es keinen juristischen Präzedenzfall gegeben hätte. Die Presseberichte hätten den Richter zeit seines Lebens zum Stinktier gemacht.

Eine andere Taktik, die die Körperfunktionen betraf, wurde in Chicago während des Johnson-Goldwater-Wahlkampfes entwickelt. Versprechungen, die von der Stadtverwaltung im Woodlawn-Ghetto gemacht worden waren, wurden nicht eingehalten. Die politischen Drohungen, die ursprünglich diese Versprechungen erzwungen hatten, waren wirkungslos geworden. Die Basisorganisation besaß keine andere Alternative. Sie musste den Demokraten Johnson unterstützen, und deshalb glaubte die von den Demokraten beherrschte Stadtverwaltung, dass sich die politische Bedrohung verflüchtigt hätte. An dieser Stelle müssen wir uns daran erinnern, dass der Druck nicht nur von entscheidender Bedeutung ist, um vom Establishment erste Zugeständnisse zu erzwingen, sondern dass der Druck aufrechterhalten werden muss, damit das Establishment sein Wort hält. Es schien, als habe die Woodlawn-Organisation diese Fähigkeit verloren.

Da die Organisation auf politischem Gebiet blockiert war, mussten neue Taktiken und ein neues Kampffeld gefunden werden. Der O'Hare Airport wurde zur Zielscheibe. Man muss wissen, dass O'Hare der Flughafen mit den meisten Starts und Landungen der Welt ist. Für einen Moment müssen wir uns in die Situation eines Flugreisenden hineinversetzen: Die Stewardess bringt Ihnen Ihr Mittag- oder Abendessen. Nach dem Essen wollen die meisten auf die Toilette. Aber das ist oft sehr umständlich wegen Ihres Tabletts und der neben Ihnen Sitzenden, die mit ihrem Geschirr beladen sind. Deshalb warten Sie, bis die Stewardess die Tabletts abräumt. Währenddessen haben sich die, die der Toilette am nächsten sitzen, auf den Weg gemacht, und das Besetzt-Zeichen leuchtet auf. Also warten Sie. Und in diesen Zeiten kurzer Flugreisen dauert es nicht lange, bis es heißt: „Bitte schnallen Sie sich an! Wir befinden uns im Landeanflug." Sie entscheiden sich, bis nach der Landung zu warten und die Örtlichkeiten im Flughafengebäude zu benutzen. Jeder, der ankommende Passagiere auf einem Flughafen beobachtet, wird das feststellen – viele marschieren schnurstracks auf die Toiletten zu.

Dies wissend lag unsere Taktik auf der Hand: Wir legen die Toiletten lahm. Um in die WCs zu kommen, musste man zehn Cent einwerfen, eintreten, die Tür abschließen – und konnte den ganzen Tag drinbleiben. Insofern war die Besetzung der WCs kein Problem. Nur relativ wenige waren nötig, die diese Örtlichkeiten aufsuchten, bewaffnet mit Büchern und Zeitungen, sich einschlössen und alles blockierten. Was sollte die Polizei unternehmen? Die Türen aufbrechen und einen Beweis für die Dringlichkeit des Geschäfts verlangen? Deshalb könnten die WCs völlig lahmgelegt werden. Das einzige Problem wären die Pissoirs in den Männertoiletten. Dies könnte ebenfalls gelöst werden, indem Gruppen auf dem Flughafen von einem Örtchen zum anderen zögen und die Pissoirs besetzt hielten, je nachdem, auf welchem Flugsteig gerade Passagiere ankämen. Wir erstellten eine genaue Untersuchung darüber, wie viele WCs es für Männer und Frauen sowie Pissoirs auf dem gesamten O'Hare Airport gab und wie viele Männer und Frauen nötig wären, um das erste „Shit-in" in den Vereinigten Staaten zu veranstalten.

Die Folgen einer solchen Aktion wären in mancher Hinsicht katastrophal. Leute würden verzweifelt nach einem stillen Örtchen suchen. Man kann sich das Geschrei der Kinder vorstellen: „Mami, ich muss unbedingt mal Pipi machen", und verzweifelte Mütter, die kapitulieren: „Na gut. Wenn du's nicht mehr aushalten kannst, dann mach's hier." O'Hare würde schnell von einem wüsten Durcheinander beherrscht sein. Es würde sich etwas Unglaubliches abspielen und das ganze Land lachen und spotten. Die Londoner „Times" würde wahrscheinlich auf der Titelseite darüber berichten. Für die Stadtverwaltung wäre das zu einer großen Demütigung und Peinlichkeit geworden. Es hätte vielleicht einen derartigen Notstand ausgelöst, dass die Maschinen nicht eher hätten wieder starten können, bis die Passagiere zurück an Bord gekommen wären, um die Toiletten der Flugzeuge zu benutzen.

Die Androhung dieser Taktik ließen wir zur Stadtverwaltung durchsickern, und innerhalb von 48 Stunden befand sich die Woodlawn-Organisation in Verhandlungen mit den Behörden, die zusicherten, ihre Versprechungen zu erfüllen, und die nicht verstehen wollten, wie man je auf die Idee kommen könnte, dass ein Versprechen vonseiten des Chicagoer Rathauses nicht eingehalten würde. Seitdem ist niemals öffentlich erwähnt worden, welche Bedrohung die O'Hare-Taktik darstellte. Nur wenige Mitglieder der Woodlawn-Organisation wussten, wie nahe sie daran waren, Geschichte zu machen.

Mit dem allgemeingültigen Prinzip, dass die richtigen Dinge immer aus den falschen Gründen getan werden, und der taktischen Regel, dass sich das Negative zum Positiven wendet, werden die folgenden Beispiele verständlich.

Das organisierte schwarze Ghetto im Woodlawn-Viertel in Chicago hatte anfangs den Kampf gegen die Besitzer der Häuser im Slum aufgenommen. Es demonstrierte nie vor den Slum-Häusern oder den Büros der Besitzer. Die schwärzesten Schwarzen wurden ausgewählt und mit Bussen in die schneeweißen Vororte gebracht, wo die Slum-Hausbesitzer lebten. Ihre Schilder, auf denen stand: „Wussten Sie, dass Jones, Ihr Nachbar, ein Slum-Hausbesitzer ist?", waren im Grunde belanglos – worum es ging, war, dass Jones mit Telefonanrufen seiner Nachbarn eingedeckt werden sollte.

Jones: „Bevor Sie irgendetwas sagen, möchte ich Ihnen versichern, dass auf diesen Schildern nur ein Haufen von Verleumdungen steht!"

Nachbar: „Sehen Sie, Jones, mir ist das scheißegal, womit Sie Ihr Geld machen. Hauptsache, Sie sehen zu, dass diese verdammten Nigger hier abhauen! Sonst müssen Sie hier verschwinden."

Jones kam raus und gab nach.

Der Druck, den wir ausüben konnten und der uns eine positive Macht gab, war das Negative des Rassismus in einer weißen Gesellschaft. Wir nutzten ihn für unsere Zwecke aus.

Nehmen wir eines der negativen Klischees, die so viele Weiße von Schwarzen haben: dass Schwarze nur rumsitzen und Wassermelonen essen. Angenommen, 3 000 Schwarze überfallen plötzlich einen Teil des Stadtzentrums, jeder bewaffnet mit und schmatzend an einem riesigen Stück Wassermelone. Dieses Spektakel wäre so außerhalb des Erfahrungsbereichs der Weißen, dass sie völlig entnervt und konfus wären. In ihrer Bestürzung, was die Schwarzen wohl vorhätten, würde das Establishment wahrscheinlich zum Vorteil der Schwarzen reagieren. Darüber hinaus würden die Weißen endlich die Absurdität ihres Klischees von schwarzen Angewohnheiten erkennen. Weiße fühlten sich ertappt und der Lächerlichkeit preisgegeben. Das wäre das Ende des Klischees vom Wassermelonen essenden Schwarzen. Ich glaube, die Stadtverwaltung würde sich umgehend mit den schwarzen Leadern in Verbindung setzen und fragen, welche Forderungen sie erhöben, selbst wenn keine gestellt worden wären. Dies ist wiederum ein Fall, wo man das tut, was man kann, mit dem, was man hat. Ein anderes Beispiel dafür ist folgendes:

Ich hielt einen Vortrag in einem College einer sehr konservativen, fast fundamentalistischen protestantischen Kirche. Anschließend kamen ein paar Studenten in mein Motel, um mit mir zu reden. Ihr Problem war, dass es auf ihrem Campus stinklangweilig zuging. Ihnen war es nicht erlaubt zu tanzen, zu rauchen oder Bier zu trinken. Ich hatte über Strategien der Gesellschaftsveränderung gesprochen, und sie wollten von mir wissen, welche Taktiken sie anwenden könnten, damit sich ihre Situation verbesserte. Ich erinnerte sie daran, dass Taktik bedeutet, das zu tun, was man kann, mit dem, was man hat. „Was habt ihr denn?", fragte ich. „Was erlauben sie euch?" Sie antworteten: „Fast nichts, wir können höchstens Kaugummi kauen." Ich erwiderte: „Gut, dann wird Kaugummi zur Waffe. Ihr sorgt dafür, dass 200 oder 300 Studenten jeweils zwei Packungen Kaugummi bekommen, was ein ganzer Haufen ist. Dann lasst ihr sie die durchgekauten Dinger auf die Campus-Wege spucken. Dies wird ein absolutes Chaos verursachen. Denn mit 500 Packungen Kaugummi könnte ich Chicago lähmen, den ganzen Verkehr der Hochbahn stoppen." Sie schauten mich an, als hätte ich nicht mehr alle Tassen im Schrank. Aber etwa zwei Wochen später erhielt ich einen begeisterten Brief, in dem es hieß: „Es hat geklappt! Es hat geklappt! Nun können wir fast alles machen, solange wir kein Kaugummi kauen." (Zitiert nach: Marion K Sanders, The Professional Radical – Conversation with Saul Alinsky, New York 1965)

Wie die Slum-Hausbesitzer wurde eines der größten Kaufhäuser der USA durch folgende Bedrohungstaktik gefügig gemacht. Denken Sie an die Regel, dass die Drohung oftmals wirkungsvoller als die Aktion selbst ist. Das gilt aber nur, wenn man so gut organisiert ist, dass das Establishment weiß, dass man die Macht besitzt,

KEEP THE
PRESSURE
ON
ALINSKY
RULEZ

die Drohung wahrzumachen, und dazu zweifelsohne bereit ist. In unserem Geschäft kann man die Gegenseite meist nicht ins Bockshorn jagen. Falls sie einem jemals auf die Schliche kommt, dass man mit Bluffs arbeitet, sollte man es unterlassen, in Zukunft solche Drohungen auszusprechen. So etwas zieht nicht mehr.

Es gab also dieses Kaufhaus, das, wie konnte es anders sein, seinen Kunden anbot, die Waren nach Hause zu liefern. Es zog viele Käufer aufgrund seiner Markenwaren und der Qualität seines Angebots an. Deshalb wäre ein wirtschaftlicher Boykott erfolglos gewesen, um selbst die schwarze Mittelklasse vom Einkaufen dort abzuhalten. Damals war die Einstellungspraxis dieses Kaufhauses noch schlimmer als die aller anderen. Schwarze wurden nur für die niedrigsten Arbeiten angestellt.

Wir entwickelten eine Taktik. Wir wählten einen Samstag aus, an dem viel los sein würde. Ungefähr 3 000 Schwarze sollten mit Bussen in die Innenstadt gebracht werden, alle in ihrer Sonntagskleidung. Wenn man 3 000 Schwarze in das Erdgeschoss eines Kaufhauses steckt, selbst wenn es ein Riesenkomplex ist, dann ändert sich mit einem Schlag die gesamte Farbe des Kaufhauses. Jeder Weiße, der durch die Drehtüren käme, würde blöd glotzen und annehmen, er wäre irgendwie in Afrika gelandet. Er verließe auf der Stelle wieder das Kaufhaus, das an diesem Tag keine weißen Käufer hätte.

Für Leute mit geringem Einkommen ist Einkaufen eine zeitraubende Geschichte, denn auf Sparsamkeit kommt alles an. Das hieße, jede Theke würde von potenziellen Kunden belagert, die sorgfältig die Qualität der Waren prüften und sich in der Hemdenabteilung über den Stoff, die Farbe, den Zuschnitt, die Manschetten, den Kragen und den Preis erkundigten. Während die Gruppe, die den Verkäufer in der Hemdenabteilung beschäftigt gehalten hätte, zur Abteilung Unterwäsche wechselte, käme von dort eine in die Hemdenabteilung, sodass das Personal des Kaufhauses ständig in Beschlag genommen wäre.

An dieser Stelle wollen wir einhalten, um die Taktik zu untersuchen. Sie ist ohne Frage legal. Ein Sit-in oder eine ungesetzliche Besetzung fände nicht statt. Einige Tausend Menschen wollen einkaufen. Die Polizei ist machtlos, da sich alles im Rahmen des rechtlich Erlaubten abspielt.

Diese Sache ginge so weiter bis eine Stunde vor Ladenschluss. Dann würden alle jede nur sichtbare Ware bestellen, zahlbar erst bei der Lieferung ins Haus. Dies würde den Zustelldienst für mindestens zwei Tage lahmlegen, mit den naheliegenden weiteren erheblichen Kosten, die damit verbunden wären, denn alle Waren würden bei der Lieferung zurückgewiesen: Annahme verweigert.

Die Drohung wurde der Geschäftsleitung durch einen glaub- und „vertrauenswürdigen" Kanal zugespielt. Jede Organizing-Struktur braucht zwei oder drei Lockspitzel, auf die das Establishment hört. Diese Lockspitzel sind von unschätzbarem Wert als „vertrauenswürdige" rückwärtige Verbindungen mit den etablierten Schichten. Nachdem alle Pläne ausgearbeitet waren, begannen wir eine Reihe von Komitees zu bilden: ein Transport-Komitee, das die Busse mieten sollte, ein Mobilisierungskomitee, das mit den Pfarrern zusammenarbeitete, damit deren Community-Mitglieder zu den Bussen kämen, und andere Komitees mit besonderen Aufgaben. In zwei der wichtigsten Komitees steckten wir bewusst je einen dieser Lockspitzel, sodass sie sich gegenseitig zuarbeiten konnten. Wir wussten, dass unser Plan schnell dem Kaufhaus bekannt sein würde. Schon am nächsten Tag erhielten wir von dort einen Anruf. Man lud uns zu einem Gespräch über die neue Personalpolitik ein und ersuchte uns dringend, dass dieses Gespräch innerhalb der nächsten zwei oder drei Tage, zumindest aber vor Sonnabend stattfinden sollte. Die Einstellungspraxis des Kaufhauses änderte sich drastisch. Über Nacht wurden 186 neue Stellen ausgeschrieben. Erstmals gab es Schwarze als Verkäufer und als kaufmännische Angestellte.

Diese Art der Taktik kann auch von der Mittelklasse angewendet werden. Organisiertes Einkaufen, Großbestellungen auf Rechnung ausliefern lassen und ihre Annahme verweigern, das verursacht zusätzliche Buchführungskosten für das angegriffene Unternehmen, das vor Wiederholungen nie gefeit wäre. (...) Man erreicht: 1. Einen Tag lang wird nichts verkauft. 2. Der Zustelldienst ist für zwei oder mehr Tage lahmgelegt. 3. Die Buchhaltung steht kopf. Die Kosten sind für jeden Geschäftsmann ein Albtraum, und das Schwert des Damokles schwebt weiter über seinem Kopf. Die Mittelklasse muss ebenfalls lernen, den Gegner richtig einzuschätzen, und dazu imstande sein, ein Massen-Jiu-Jitsu zu praktizieren (wie ich die Taktik der Selbstverteidigung des Volkes ohne Waffen einmal genannt habe), indem sie die Macht der einen Seite gegen die der anderen in der Machtstruktur ausnutzt.

Konkurrenz

Sobald wir die äußeren Reaktionen der Besitzenden auf die Herausforderungen durch die Unterdrückten verstanden haben, können wir bei unserer Untersuchung einen Schritt weitergehen und die Machtverhältnisse unter den Besitzenden selbst analysieren.

Aber wir wollen uns zunächst etwas stärker in die Psyche dieses Goliaths hineinversetzen. Die Besitzenden verfügen über Macht und sind allesamt machtbesessen. Besessen von der Angst, Macht zu verlieren, wird jede ihrer Bewegungen diktiert von der Vorstellung, sie zu behalten. Die Lebenseinstellung der Besitzenden ist, das zu wahren, was sie haben, und, wo immer es möglich ist, ihre Verteidigungsanlagen auszubauen.

Das eröffnet uns eine neue Perspektive: Es gibt nicht nur eine ganze Klasse, die darauf aus ist, ihre Macht zu behalten, und sich im ständigen Konflikt mit den Ausgebeuteten befindet. Gleichzeitig gibt es innerhalb dieser Klasse Auseinandersetzungen. Macht ist nichts Starres, sie kann nicht eingefroren und konserviert werden wie Lebensmittel, sie wächst oder stirbt ab. Deshalb muss der Status quo mehr hergeben, um die Macht zu erhalten. Aber woher? So viel kann man gar nicht aus den Habenichtsen herauspressen.

Also müssen sich die Besitzenden gegenseitig etwas wegnehmen. Sie befinden sich da auf einem Weg, auf dem es kein Zurück gibt. Dieser Macht-Kannibalismus der Besitzenden erlaubt nur kurze Atempausen, und nur dann, wenn man mit einem gleich starken Gegner konfrontiert ist. Doch selbst in diesem Fall kommt es regelmäßig zu Einbrüchen an der Front, weil einzelne Einheiten die allgemeine Bedrohung zu ihrem eigenen besonderen Vorteil zu nutzen versuchen. Hier liegt die Achillesferse des Status quo. Ich habe diese Lektion erstmals während der Depression in den dreißiger Jahren verstanden, als die Vereinigten Staaten einen revolutionären Aufstand in Form einer gewerkschaftlichen Massen-Organizing-Kampagne, bekannt als CIO, erlebten. Die CIO war der radikale Flügel der Arbeiterbewegung: Sie trat für Industriegewerkschaften ein, während sich die konservative und veraltete AFL an die Berufsvereinigungen klammerte. Die Position der AFL schloss die Masse der Arbeiter aus den Gewerkschaften aus. Der Schlachtruf der CIO lautete: „Organisiert die Nicht-Organisierten!" Sehr schnell berührte diese Frage die riesige Automobilindustrie, in der es keine Einheitsgewerkschaften gab und die überhaupt nicht organisiert war. Der erste Angriff galt dem größten Imperium: General Motors. Ein Sitzstreik gegen Chevrolet wurde organisiert. John L. Lewis, damals CIO-Anführer, erzählte mir auf dem Höhepunkt des Sitzstreiks, er hätte Gerüchte gehört, dass General Motors sich mit Ford und Chrysler zusammengesetzt habe, um ein Stillhalteabkommen auszuhandeln: „Wir von General Motors kämpfen für euch diesen Kampf gegen die CIO mit, denn wenn die CIO uns schlägt, dann seid ihr die Nächsten, die dran sind, und nichts wird sie dann aufhalten können. Wir sind auch bereit, den Sitzstreik der CIO bei Chevrolet so lange mitzumachen, bis ihnen der Arsch festfriert. Wir nehmen unsere ganzen Verluste hin, sofern ihr nicht die Produktion von Fords und Plymouths (den Chevrolet-Konkurrenten in der gleichen Preisklasse) steigert. Andererseits können wir nicht gegen die CIO durchhalten, wenn ihr eure Produktion anheizt, um alle potenziellen Chevrolet-Käufer, die keinen Chevrolet bekommen, mit euren Wagen zu beliefern."

Lewis, der ein Organizing-Genie mit einem seltenen Einblick in die Machtmechanismen des Status quo war, wischte dieses Gerücht mit einer Handbewegung vom Tisch. Es sei völlig egal, ob es der Wahrheit entspräche oder nicht, sagte er, weil sich weder Ford noch Chrysler die Chance entgehen lassen könnten, ihre Profite und ihre Macht zu steigern, so kurzsichtig das auch sein mochte.

Der gegenseitige Vernichtungskampf unter den Besitzenden zur Durchsetzung persönlicher Interessen ist genauso kurzsichtig wie der gegenseitige Vernichtungskampf unter den Prekarisierten. Ich habe in diesem Zusammenhang geäußert, dass ich einen Millionär an einem Freitag überzeugen könnte, eine für Samstag geplante Revolution zu unterstützen, die ihm am Sonntag riesige Gewinne einbrächte, wenngleich er sicher sein könnte, am Montag hingerichtet zu werden.

Sobald man diesen Machtkampf innerhalb des Status quo versteht, ist es möglich, Taktiken einzuschätzen, um ihn erfolgreich auszunutzen. Es ist traurig, die Dummheit unerfahrener Organizer zu erleben, die grobe Fehler machen, weil sie von alledem keinen blassen Schimmer haben.

Ein Beispiel dafür ereignete sich vor ein paar Jahren, als auf dem Höhepunkt der Bürgerrechtsbewegung bestimmte Leader in Chicago zu einem Boykott aller Kaufhäuser im Stadtzentrum während der Weihnachtszeit aufriefen. Der Boykott war ein verheerender Fehlschlag, und jeder erfahrene Revolutionär hätte das ohne Weiteres voraussehen können. Jeder Angriff auf den Status quo muss die Stärke des Gegners gegen ihn selbst richten. Wir wollen diesen besonderen Boykott genauer untersuchen: Der Fehler war, zu versuchen, alle zu boykottieren statt einige. Wenige Liberale, weiße oder schwarze, würden auf sämtliche Weihnachtseinkäufe in den attraktivsten Einkaufsstätten verzichten. Selbst wenn es nicht zur Weihnachtszeit gewesen wäre, wissen wir, dass heutzutage ein totaler Verbraucherboykott nicht funktioniert. Die

Arbeiterbewegung oder Demonstranten werden im Allgemeinen von der Öffentlichkeit nur begrenzt unterstützt. Aber diese begrenzte Unterstützung kann man sich zunutze machen, wenn man nur ein Kaufhaus boykottiert. Wenn man seine Einkäufe zum gleichen Preis in einem anderen Kaufhaus auf der gegenüberliegenden Straßenseite erledigen kann, wird eine bedeutende Zahl von Kunden auf die kleine Unannehmlichkeit, die die Demonstranten darstellen, reagieren. Sie haben eine ganz einfache, gut sichtbare Alternative: Sie werden die Straße überqueren. Das boykottierte Kaufhaus spürt dann die Macht seiner Gegner, wenn es erlebt, wie viele seiner Kunden zur Konkurrenz abwandern. (…)

Sich selbst erledigen

Die grundlegende Taktik in der Kriegführung gegen die Besitzenden ist ein politisches Massen-Jiu-Jitsu: Die Ausgebeuteten attackieren nicht stur die Besitzenden, sondern schlagen solch überlegte und geschickte Wege ein, dass die Überlegenheit der Besitzenden zu ihrem eigenen Unglück wird. Da sich zum Beispiel die Besitzenden als die Wächter von Verantwortungsbewusstsein, Moral, Gesetz und Gerechtigkeit brüsten (was sich oftmals nicht miteinander vereinbaren lässt), kann man sie ständig dazu zwingen, ihren eigenen Moralvorstellungen und Vorschriften gerecht zu werden. Keine Organisation, einschließlich der Kirchen, kann gemäß ihrer Grundsätze leben. Man kann sie mit ihren eigenen Gesetzbüchern erschlagen. Das wusste auch der große Revolutionär Paulus, als er an die Korinther schrieb: „… welcher uns auch tüchtig gemacht hat zu Dienern des neuen Bundes, nicht des Buchstabens, sondern des Geistes. Denn der Buchstabe tötet, aber der Geist macht lebendig." (2. Brief an die Korinther 3, 6)

Nehmen wir beispielsweise die Demonstrationen der Bürgerrechtsbewegung in Birmingham 1963, als Tausende schwarzer Kinder nicht zur Schule gingen, um an den Demonstrationen teilzunehmen. Die Schulbehörde Birminghams entstaubte ihr Buch mit den Erlassen und drohte damit, alle Kinder von den Schulen zu verweisen, die aus diesem Grund fehlten. Hier irrten die Führer der Bürgerrechtsbewegung (wie sie es auch bei anderen wichtigen Gelegenheiten taten), als sie den Rückzug antraten, anstatt durch weitere Demonstrationen die Sache auf die Spitze zu treiben und die Birminghamer Schulbehörde zwischen den Seiten mit den Erlassen zu erdrücken, indem man sie gezwungen hätte, den Buchstaben ihrer Erlasse und Erklärungen gerecht zu werden. Die Behörde und die Stadt Birmingham wären in eine unmögliche Situation gekommen, hätten sie alle schwarzen Kinder von der Schule verwiesen, die sich dann in den Straßen herumgetrieben hätten. Sie hätten ihre Entscheidung einen Tag später revidiert, falls sie überhaupt gewagt hätten, so weit zu gehen. (...)

In Chicago fielen die Besitzenden böse aufs Kreuz, als sowohl ein Richter wie auch ein Staatsanwalt murrten, nach dem Buchstaben des Gesetzes sei es verboten, Kinder vom Besuch öffentlicher Schulen fernzuhalten, und sie knurrten drohend etwas über eine einstweilige Verfügung gegen alle Anführer der Bürgerrechtsbewegung, die sich an einem Schulboykott beteiligten. Hier – wie immer, wenn die Besitzenden anfangen, ihren Gesetzbüchern zu folgen – boten sie den Unterdrückten eine einmalige Chance, von einer begrenzten Taktik zu einem durchschlagenden Vormarsch auf vielen Fronten zu kommen. Die Schüler bräuchten nicht mehr zu fehlen, die Führer wären die einzigen, die handeln müssten. Nun war der Zeitpunkt gekommen, eine groß angelegte Kampagne des Spotts, des Hohns und der Missachtung zu starten, den Staatsanwalt und den Richter herauszufordern, dem Buchstaben des Gesetzes zu folgen und einstweilige Verfügungen zu erlassen, oder aber in aller Öffentlichkeit als ängstliche Hochstapler dazustehen, die es nicht wagten, dem von ihnen beschworenen Gesetz Geltung zu verschaffen. Ein solches Verhalten der Ausgebeuteten würde wahrscheinlich zu einer einstweiligen Verfügung führen. Aber mittlerweile hätte die Boykott-Taktik aufrüttelnde Folgen gehabt. Unmittelbar nach dem Boykott hätte jeder Leader der Bürgerrechtsbewegung in Chicago gegen die einstweilige Verfügung verstoßen. Aber das Letzte, was das Establishment will, ist, jeden einzelnen Leader der Bürgerrechtbewegung in Chicago (zu denen viele Geistliche in der Stadt gehörten) anzuklagen und ins Gefängnis zu stecken. Solch ein Schritt würde die Machtverhältnisse in Chicago erschüttern und sicherlich die ganze Frage der Rassentrennung in Schulen erst richtig anheizen. Ohne Frage hätten der Staatsanwalt und der Richter die Ermittlungen auf die lange Bank geschoben und irgendwann klammheimlich eingestellt. An diesem Punkt, wo die Anführer der Bürgerrechtsbewegung die machtvolle Waffe des Gesetzbuches der Besitzenden besäßen, müssten sie fest zusammenhalten und den Richter und den Staatsanwalt verhöhnen, verspotten und verlangen, dass „dem Gesetz Geltung verschafft wird", den Richter und den Staatsanwalt beschuldigen, sie hätten eine einstweilige Verfügung erwirkt, gegen die sie öffentlich, vorsätzlich und böswillig verstießen, und dass sie deshalb für den dadurch entstandenen Schaden aufkommen müssten. Falls die Anführer der Bürgerrechtsbewegung darauf beständen, verhaftet und angeklagt zu werden, wären die Besitzenden in die Flucht geschlagen worden und völlig verwirrt, gefangen in der Zwangsjacke ihrer eigenen Gesetze. Der Vollzug der einstweiligen Verfügung hätte zu einem Sturm des Protests in der Stadt geführt und zu einem unerhörten Zulauf zur Bürgerrechtsbewegung. Die Nichtvollstreckung hätte den Zusammenbruch und die Niederlage der Besitzenden signalisiert und ebenfalls eine Vergrößerung und Stärkung der Basisorganisationen zur Folge gehabt.

Haft*

Wenn die Herrschenden revolutionäre Anführer inhaftieren, leisten sie damit einen gewaltigen Beitrag zur Entwicklung der Bewegung der Prekarisierten wie auch zur persönlichen Entwicklung ihrer Leader. Dieser Punkt sollte sorgfältig bedacht werden als ein weiteres Beispiel dafür, wie Massen-Jiu-Jitsu-Taktiken angewandt werden können, um die Macht der Herrschenden gegen sich selbst zu wenden.

Die Inhaftierung revolutionärer Anführer und ihrer Anhänger erfüllt drei wichtige Funktionen für die Sache der Unter-

* Seine Inhaftierung war für Saul David Alinsky eine politisch und persönlich prägende Erfahrung. Erst im Gefängnis begann er zu schreiben. Deshalb haben wir auch diesen Textabschnitt bei der Überarbeitung erhalten.

drückten: 1. Sie ist eine Handlung vonseiten der Herrschenden, mit der der Konflikt zwischen Besitzenden und Besitzlosen unmissverständlich zum Ausdruck gebracht wird. 2. Sie stärkt in ungeahnter Weise die Stellung der Revolutionäre bei ihren eigenen Leuten, indem sie den Inhaftierten den Hauch von Märtyrern verleiht. 3. Sie stärkt die Identifikation der Leader mit ihren eigenen Leuten, da die Prekarisierten überwiegend der Meinung sein werden, dass sich die Anführer so sehr für sie einsetzen und sich so stark der Sache verschrieben haben, dass sie bereit sind, dafür sogar Haft in Kauf zu nehmen.

Als das Verhältnis zwischen den Ausgebeuteten und ihren Anführern gespannt war, gab es wiederholt Situationen, in denen sich die Inhaftierung der Anführer als heilsam erwiesen hat. Sofort schlossen sich die Reihen wieder, und die Führer gewannen ihre Massenunterstützung zurück.

Gleichzeitig sollten die revolutionären Anführer immer sicherstellen, dass ihre Verstöße gegen Vorschriften so gering sind, dass ihr Gefängnisaufenthalt relativ kurz ist, von einem Tag bis zu zwei Monaten. Das Problem längerer Haftstrafen ist zum einen, dass sich ein Radikaler so weit von den Aktionen entfernt, dass er den Kontakt verliert, zum anderen gerät man in Vergessenheit, wenn man zu lange weg ist. Das Leben geht weiter, neue Probleme tauchen auf, neue Leader kommen. Dennoch ist es für die Entwicklung eines Radikalen wichtig, durch Inhaftierung für eine begrenzte Zeit aus dem Verkehr gezogen zu werden. Das große Problem, mit dem der Revolutionär nicht von alleine fertig wird, ist, dass er hin und wieder die Möglichkeit haben muss, in Ruhe über seine Arbeit nachzudenken und seine Gedanken zu analysieren. Die bequemste und einfachste Lösung ist das Gefängnis, wo man die Muße findet, in der man versuchen kann, sich bewusst zu werden, was man macht, warum man es macht, was man erreichen will, was man falsch gemacht hat, was man hätte tun sollen, und vor allem die Beziehungen zwischen all den Ereignissen und Handlungen zu sehen, wie sie in ein allgemeines Muster passen. In der Haft fängt man an, eine Philosophie zu entwickeln. Hier beginnt man, langfristige Zielsetzungen zu gestalten, mittelfristige Ziele zu formulieren und Taktiken zu analysieren, ob sie der eigenen Persönlichkeit entsprechen. Hier ist man befreit vom Zwang, handeln zu müssen, der einen immer nur an den jeweils nächsten Schritt denken lässt. Hier kann man sich aus einer gewissen Distanz ein Gesamtbild von den eigenen Aktionen und den Reaktionen des Gegners machen.

Jeder konsequente revolutionäre Leader müsste sich auf diese Weise vom Schauplatz des Geschehens zurückziehen. Ohne solche Gelegenheiten geht er von einer Taktik und Aktion zur anderen, die meisten davon sind sehr begrenzt; ihm fehlt die Möglichkeit, Gesamtzusammenhänge zu durchdenken, und auf die Dauer verliert er Saft und Kraft. Er wird schließlich zu nichts anderem als einem zeitweiligen Reizmittel. Die Propheten des Alten und Neuen Testaments fanden die Möglichkeit zur Besinnung, indem sie sich freiwillig in die Einsamkeit zurückzogen. Nachdem sie wieder aufgetaucht waren, begannen sie, ihre Philosophien zu verkündigen. Oftmals meint ein Revolutionär, dass er sich nicht freiwillig zurückziehen kann, weil der Druck der Ereignisse und Aktionen ihm diesen Luxus nicht erlaubt; darüber hinaus besitzt ein Revolutionär oder ein Mann der Tat nicht das Sitzpolster, das Wissenschaftlern zu eigen ist. Ruhig zu sitzen, zu denken und zu schreiben, das ist für ihn sehr schwierig. Selbst wenn er auf einmal Zeit dazu hätte, wird er versuchen, dem Geschäft des Denkens und Schreibens aus dem Weg zu gehen, und zwar mit allen Mitteln. (...)

Im Gefängnis ist das ganz anders. Es gibt kein Telefon und keinen Besuch, höchstens für eine Stunde am Tag. Die Wärter sind raue Kerle, ungesellig und gewöhnlich so stumpfsinnig, dass man sowieso nicht mit ihnen reden will. Man findet sich in einer Eintönigkeit und Beengtheit wieder, der man verzweifelt zu entfliehen sucht. Da dies physisch nicht möglich ist, verdrängt man die Umstände geistig: Man nimmt Zuflucht zum Denken und Schreiben. Erst durch meine gelegentlichen Gefängnisaufenthalte wurde die Grundlage für meine ersten Veröffentlichungen geschaffen und eine Formulierung meiner Ideen, Ziele und Überzeugungen möglich.

Timing

Genug von philosophischer Zurückgezogenheit, zurück zum Geschäft des Organisierens und seiner Grundlagen. Zu ihnen zählt das Timing. Timing ist für die Taktik das, was es für alles im Leben ist: der Unterschied zwischen Erfolg und Misserfolg.

Ich meine nicht das Timing, wann eine bestimmte Taktik gestartet werden soll, was sicherlich wichtig ist. Vielmehr – wie ich es wiederholt zum Ausdruck gebracht habe – gestattet das Leben einem Taktiker nicht den Luxus, sich den Zeitpunkt und den Ort eines Konfliktes auszusuchen. Was das Leben hingegen erlaubt, ist, dass der geschickte Taktiker sich der Nutzbarmachung der Zeit bei der Anwendung von Taktiken bewusst ist.

Sobald der Kampf begonnen hat und eine Taktik angewendet wird, ist es wichtig, dass der Konflikt sich nicht zu lange hinzieht. Erinnern Sie sich an die siebte Regel zu Beginn dieses Kapitels. Viele menschliche Erfahrungen sprechen für sie. Ich kann nicht oft genug wiederholen, dass ein Konflikt, der sich zu lange hinschleppt, schlapp wird. Das gilt für eine Taktik oder für irgendeine besondere Aktion.

Unter den Gründen dafür befindet sich die einfache Tatsache, dass ein Mensch ein Interesse für eine bestimmte Sache nur für einen begrenzten Zeitraum aufrechterhalten kann. Die Konzentration, die gefühlsmäßige Leidenschaft, sogar die körperliche Energie, ein besonderes Erlebnis, das aufregend, herausfordernd und motivierend ist, dauern nur eine begrenzte Zeit an. Das trifft auf alle Bereiche des menschlichen Lebens zu, vom Sex bis zum Konflikt. Nach einer gewissen Zeit wird es eintönig, wiederholt sich, eine emotionale Tretmühle, und schlimmer noch als alles andere, es wird stumpfsinnig. (…)

Der Taktiker sollte sich ständig bewusst sein, dass er unter Zeitdruck steht, wenn eine Aktion startet. Das gilt sowohl für die physische als auch für die psychische Seite einer Aktion. Als sich die Woodlawn-Organisation in Chicago entschied, einen Masseneinzug in das Rathaus zu veranstalten, als es um ein Schulproblem ging, sollte die Rathaushalle um zehn Uhr morgens mit 5 000 bis 8 000 Personen gefüllt werden, um dem Bürgermeister gegenüberzutreten. Als die Strategie entwickelt wurde, wurde der Zeitfaktor untersucht und genau berücksichtigt, und deshalb wurden alle Möglichkeiten, die die Taktik bot, voll ausgeschöpft, und alles endete nicht mit einer Pleite, wie das beim Marsch der Armen in Resurrection City und woanders der Fall war. Die Leader waren sich klar darüber: Wenn sich Tausende von Menschen im Stadtzentrum versammeln, flaut die Stimmung sehr schnell ab, wenn sie gelangweilt für eine längere Zeit auf einem Fleck stehen. Kleine Gruppen werden sich absetzen, einkaufen gehen, sich Sehenswürdigkeiten angucken, einen Kaffee oder irgendwas anderes trinken. Kurz, das Leben im Zentrum einer Großstadt wird viel attraktiver und anziehender sein als einfach im Rathaus an einer Aktion teilzunehmen, bei der man bereits erlebt hat, wie schockiert der Gegner reagiert hat. Nach einer Weile – und damit meine ich zwei bis drei Stunden – wären die 8 000 auf 800 oder weniger geschrumpft, und die Wirkung der Masse wäre ernsthaft geschwunden und geschwächt. Darüber hinaus hätte dies den Erfolg, dass der Bürgermeister, der sieht, wie eine Massenaktion von 8 000 auf 800 schrumpft, sich sagen könnte: „Wenn ich noch zwei oder drei Stunden warte, sind nur noch 80 übrig geblieben, und wenn ich noch einen Tag aushalte, wird keiner mehr hier sein.“ Damit hätten wir nichts erreicht.

Weil sie dies wussten, traten die Leader der Woodlawn-Organisation dem Bürgermeister gegenüber, teilte ihm mit, dass sie Taten sehen wollten und ihre Forderungen umgehend erfüllt werden müssten. Sie setzten ihm eine Frist, bis wann dies zu geschehen hätte. Nachdem sie ihr Anliegen vorgetragen hatten, erklärten sie, sie würden jetzt die Demonstration beenden, könnten aber jederzeit in gleicher oder größerer Zahl wiederkommen, falls sich nichts rührte. Und dann machten sie kehrt und traten mit ihrer immer noch begeisterten Truppe einen organisierten, geschlossenen und machtvollen Rückzug an, und sie hinterließen diesen Eindruck bei den Stadtoberen.

Es gibt einen Weg, die Aktion am Laufen zu halten und sie vor Langeweile zu bewahren, aber das bedeutet, ständig neue Akzente zu setzen, während die Aktion fortgeführt wird, sodass, wenn die Begeisterung und das Interesse für eine Sache schwindet, eine neue inszeniert werden muss, die zu einer Wiederbelebung führt. Mit einem ständigen Szenenwechsel geht es weiter und weiter. (…)

Neue und alte Taktiken

Wir sprechen von Problemen, zum Beispiel der Umweltverschmutzung. Hier können wir wieder die Besitzenden gegen die Besitzenden ausspielen, um das zu erreichen, was wir wollen. Wenn Betriebe und Großindustrie von „Leuten“ sprechen, dann meinen sie die Banken und andere Machtfaktoren ihrer eigenen Welt. Angenommen, ihre

Banken fangen an, auf sie Druck auszuüben, dann schmerzt es, und sie schenken dem Gehör. Deshalb sollten die Hausbanken der Stahl-, Automobil- und anderen Industrien die Zielscheibe sein, um eine spürbare Verringerung der Umweltverschmutzung zu erreichen. Fangen wir damit an, dass die Banken ihren eigenen öffentlichen Erklärungen gerecht werden.

Alle Banken wollen Geld und werben dafür, bei ihnen neue Spar- und Girokonten zu eröffnen. (...) Die Einrichtung eines Sparkontos bei einer Bank ist mehr als eine Routineangelegenheit. Man wird von einem der vielen Zeichnungsberechtigten oder Angestellten gebeten, Platz zu nehmen. Formulare müssen ausgefüllt und Fragen beantwortet werden. Wenn man will, dauert die ganze Prozedur mehr als eine halbe Stunde. Wenn 1 000 oder mehr Leute kämen, jeder mit fünf oder zehn Dollar, um ein Sparkonto zu eröffnen, wäre die größte Bank lahmgelegt. Wie bei der Kaufhausaktion wäre die Polizei machtlos. Von einer illegalen Besetzung könnte nicht die Rede sein. Die Bank wäre in einer schwierigen Lage. Sie wüsste, was vor sich geht, würde aber nicht mögliche Bankkunden vor den Kopf stoßen wollen. Das Image der Bank wäre zerstört, falls sie Tausende von möglichen Kontoinhabern festnehmen oder gewaltsam aus der Schalterhalle entfernen ließe.

Auch hier spielt der Spott wieder eine Rolle. Eine ununterbrochene Kette von Aktionen und Reaktionen wird gebildet. Die Leute können nach ein paar Tagen wiederkommen und ihre Konten auflösen, zu einer anderen Filiale gehen und neue eröffnen. Dies nenne ich einen Guerilla-Angriff der Mittelschicht. Er hätte irrationale Reaktionen aufseiten der Banken zur Folge, die dann gegen ihre größten Kunden gerichtet werden könnten, zum Beispiel gegen einen Betrieb, der für Umweltverschmutzung verantwortlich ist, oder wer auch immer die erklärte Zielscheibe der Mittelschicht-Organisation sein mag. Der Betroffene eines solchen indirekten Angriffs ist immer empört; folglich wird die Bank wahrscheinlich eher emotional reagieren, da sie sich selbst unschuldig fühlt und glaubt, für die Sünden anderer bestraft zu werden.

Gleichzeitig kann man diese Art von Aktion auch mit einem kleinen Ausflug verbinden, bei dem man mit Freunden zusammenkommt, und zur allgemeinen Erheiterung beitragen, weil sich sehr schön beobachten lässt, wie das Establishment aus der Fassung gerät. Die Mittelschicht-Guerillas amüsieren sich köstlich, während sie zugleich den Druck auf den Gegner verstärken.

Sobald man eine besondere Taktik angewendet hat, ist sie nicht länger außerhalb des Erfahrungsbereichs des Gegners. Es dauert nicht lange, und er denkt sich Gegenmaßnahmen aus, die die einst wirksame Taktik ins Leere laufen lassen. Kürzlich zeigte mir ein Konzernchef die Pläne für eine neue Fabrik und machte mich auf einen großen Bereich im Erdgeschoss aufmerksam. „Junge, Junge, wir haben einen Architekten, der ist auf Draht", freute er sich. „Sehen Sie diese große Halle? Das ist unser Sit-in-Raum! Wenn die kommen, werden sie hier reingeführt; hier wird es Kaffee geben, Fernsehen, ausreichend Toiletten. Hier können sie so lange sitzen, bis sie sich wieder beruhigt haben."

Sit-ins können wir nun ins Museum verbannen.

Es gab jedoch Zeiten – und in seltenen Fällen ist das heute noch so –, als Sit-ins wirklich revolutionär waren. Ein anschauliches Beispiel waren die fast spontanen Sitzstreiks der Gewerkschaft der Automobilarbeiter während ihrer Organisationskampagne bei General Motors 1937. Die Besetzung von Privateigentum löste damals in den ganzen USA einen Aufschrei aus. Von wenigen Ausnahmen abgesehen wollten alle Gewerkschaftsführer damit nichts zu tun haben: Das war ihnen zu revolutionär. Die Streikenden begannen an der Rechtmäßigkeit ihrer Aktion zu zweifeln, an dem Warum und Wofür, aber dann kam der Chef aller CIO-Organizer, Lewis, und lieferte ihnen den Grund für ihr Vorgehen: „Das Recht des Menschen auf Arbeit steht über dem Recht auf Privateigentum! Die CIO steht geschlossen hinter dieser Besetzung!"

Die Streikenden bei General Motors jubelten. Nun wussten sie, warum sie das getan hatten, was sie getan hatten, und warum sie bis zum Ende durchhalten mussten. Die Lehre aus dem ist: Eine der wichtigsten Aufgaben des Organizers ist, im Nu Erklärungen für Aktionen zu finden, die zufällig oder aus einer impulsiven Wut heraus stattgefunden haben. Ohne diese Begründung bleibt die Aktion für ihre Teilnehmer unerklärlich und löst sich schnell in eine Niederlage auf. Mit einer Begründung erhält eine Aktion einen Sinn und Zweck.

Organizing
Die Zukunft

KEEP THE PRESSURE ON
ALINSKY RULEZ

Die wesentliche Frage, die über das Schicksal der Demokratie entscheiden wird, ist die, ob wir wirklich an Demokratie glauben. Demokratie als Lebensweise ist verstandesmäßig akzeptiert, aber gefühlsmäßig abgelehnt worden. Die demokratische Lebensweise basiert auf dem Vertrauen in die Massen der Menschen, doch nur wenige Anführer in unserer Demokratie vertrauen wirklich den Menschen. Unsere demokratische Lebensweise ist durch nichts mehr durchdrungen als durch die Angst des Menschen vor seinem Mitmenschen. Die wenigen Mächtigen fürchten die Vielen, und die Vielen misstrauen einander. Persönlicher Opportunismus und gierige Ausbeutung verbinden den Polizeichef, den Bürgermeister, den Gouverneur und den Kongress zu einer zynischen Familie. Es ist schwierig, ein Fünkchen von Vertrauen in den Menschen zu entdecken, ob man nun bei der Demokratischen Partei stöbert, den rassistischen Politikern im Süden oder ob man sich die heruntergekommenen Reaktionäre in der Republikanischen Partei genauer ansieht. Im Gegenteil, von wenigen Ausnahmen abgesehen werden alle diese Anführer, unabhängig von ihrer politischen Couleur, eine große Angst vor und ein großes Misstrauen gegenüber den Massen haben. Sollen die Massen träge bleiben und sich keine Gedanken machen, störe sie nicht, wecke sie nicht auf, setze sie nicht in Bewegung, sonst bist du ein Agitator, ein Unruhestifter, ein Roter! Du bist kein Amerikaner, du bist ein Radikaler!

Die Vergangenheit, die glorreiche Vergangenheit mit all ihrer bequemen Vertrautheit beruht auf einer allgemeinen Preisgabe alltäglicher demokratischer Rechte und Verantwortlichkeiten des Volkes. Sie gründet sich auf Massen von Menschen, denen die Möglichkeit zur Mitwirkung am demokratischen Leben verwehrt wurde und immer noch wird, die auf Schritt und Tritt enttäuscht werden und die so lange geschwiegen haben, dass sie ihre Stimmen verloren haben. Nur gelegentlich rührte und bewegte sich dieses ruhige, friedliche, scheinbar tote Fundament. Diese Umwälzungen waren die Revolutionen, bei denen die Menschen für die Möglichkeit kämpften, eine Rolle in dieser Welt zu spielen, für eine Chance, dazuzugehören, für ein menschenwürdiges Leben.

Diese Massen der Menschen waren und sind die Substanz der Gesellschaft. Wenn sie weiterhin sprachlos, teilnahmslos, unbeteiligt, einsam und verlassen in ihrer abgrundtiefen Anonymität bleiben, dann ist das das Ende der Demokratie. (...)

Das Feuer, die Kraft und das Leben einer Demokratie ist öffentlicher Druck. In einer Demokratie muss die Regierung ständig auf den anhaltenden Druck des Volkes eingehen. Die einzige Hoffnung für die Demokratie ist, dass mehr Menschen und mehr Gruppen sich Gehör verschaffen und Druck auf ihre Regierung ausüben werden. (...) Wenn wir von demokratischen Bürgerrechten sprechen, meinen wir damit eine informierte, aktive, Anteil nehmende und interessierte Bevölkerung – interessierte und beteiligte Massen bedeuten öffentlichen Druck!

Menschen können sich nur beteiligen, falls sie sowohl die Möglichkeit haben, das eigene Programm zu formulieren, das der Grund für die Beteiligung ist, als auch ein Mittel besitzen, mit dem sie ihr Programm zum Ausdruck bringen und verwirklichen können. Dies kann nur durch den Aufbau wirklicher Basisorganisationen geleistet werden. (...)

Einige aufrichtige intellektuelle Anhänger der Demokratie erheben zwei wesentliche Einwände gegen den Aufbau von Organizing-Strukturen. Erstens fürchten sie, das bedeute

Revolution. Sie vergessen, dass die Demokratie eine der größten Revolutionen in der Geschichte des Menschen ist. Sie vergessen, dass die Regierung der Vereinigten Staaten in einem Revolutionskrieg geboren wurde. Und sie vergessen, dass die Geburtsurkunde dieser Vereinigten Staaten, bekannt als Unabhängigkeitserklärung, stolz als ein Menschenrecht verkündet: „Sollte eine ausübende Regierungsgewalt diese Ziele verletzen, ist es das Recht des Volkes, sie umzubilden oder zu entlassen und eine neue Regierung an ihrer Stelle einzusetzen, die die Grundlagen gewährleistet und die Gewaltenteilung so vornimmt, dass sie in größtmöglichem Maße die Sicherheit und das Glück des Volkes verbürgt."

Diejenigen, die in der Entwicklung von Organizing-Prozessen eine Revolution sehen, vergessen auch, dass es sich dabei um eine planmäßige Entwicklung der Beteiligung, des Interesses und der Aktionen aufseiten der Menschen handelt. Es mag stimmen, dass dies Revolution bedeutet, aber es ist eine friedliche Revolution. Eine friedliche Revolution abzulehnen heißt, vor die teuflische Alternative gestellt zu sein: aufrührerische, plötzliche, stürmische, blutige Revolutionen oder ein weiterer Verfall der auf das Volk gegründeten Demokratie bis hin zur zwangsläufigen Diktatur. Der Aufbau von Basisorganisationen bedeutet friedliche Revolution; es ist der Prozess, in dem die Menschen langsam, aber unwiderruflich ihren Platz als Beteiligte in einer Demokratie einnehmen.

Der zweite Einwand, den diejenigen vorbringen, die den Aufbau von Organizing-Strukturen fürchten, entspringt ihrem Misstrauen gegenüber der Macht in den Händen der Bevölkerung. Sie fürchten, der Aufbau von Basisorganisationen stelle den Aufbau einer riesigen Machtgruppierung dar, die einem faschistischen Demagogen zum Opfer fallen könnte, der die Führung an sich reißen und kontrollieren würde und die Organisation in ein Frankenstein-Monster gegen die Demokratie verwandelte. Die dies für möglich halten, haben wenig aus der jüngsten Geschichte gelernt. Der Weg zum Faschismus und zur Diktatur ist gepflastert mit Apathie, Hoffnungslosigkeit, Enttäuschung, Sinnlosigkeit und Verzweiflung bei den Massen des Volkes. Gerade diese Angst und völlige Hoffnungslosigkeit der Massen führt zur Preisgabe jeglicher Kontrolle über ihr eigenes Leben und zur Übertragung der Macht an einen Diktator.

Der Faschismus hat dann keine Chance, Macht über die Menschen zu erlangen, wenn diese aktiv, interessiert, beteiligt, kooperativ, informiert und demokratisch gesinnt sind und vor allem, wenn sie aufgrund ihrer Erfahrungen Selbstvertrauen und Vertrauen in die Mitmenschen besitzen. Die Menschen haben Selbstbewusstsein entwickelt, und dieses Gefühl der Selbstachtung und der Achtung des Mitmenschen und das Vertrauen in die Macht der Bevölkerung, das durch Organizing entsteht, das ist in Wirklichkeit die stärkste Barriere und der beste Schutz gegen Faschismus, die eine Demokratie überhaupt besitzen kann. (...)

Der Aufbau dieser Organizing-Strukturen und die Verwirklichung der Beteiligung der Menschen am öffentlichen Leben können nicht dadurch erreicht werden, dass wir den augenblicklich beklagenswerten Zustand der Demokratie anprangern. Sie werden nicht durch jammernde Selbstanklagen erreicht. Sie werden nur dadurch erreicht, dass wir uns an die schmutzige, eintönige, herzzerreißende Arbeit machen, Organizing-Prozesse aufzubauen. Sie werden nur erreicht, wenn wir die unendliche Geduld und den Glauben besitzen, auch dann weiterzumachen, wenn wir Rückschläge einstecken müssen; wenn wir neu aufbauen, einen Schritt weiterkommen und nicht müde werden.

Sie werden nur erreicht durch diejenigen, die an die Menschen glauben, die ihnen vertrauen und die bereit sind, für sie Opfer zu bringen. Durch diejenigen, die furchtlos und klar sehen: Sie werden unsere Radikalen sein. Der Radikale wird allen Problemen ins Gesicht sehen. Er wird nicht von materiellen Dingen oder bösartigen Voreingenommenheiten so belastet sein, dass er alles nur aus der Froschperspektive sieht. Er wird nicht auf die Menschheit aus der verzerrten, unrealistischen Vogelperspektive des Elfenbeinturms herunterblicken, sondern er wird geradeaus auf gleicher Höhe nach vorne schauen und den Menschen als einen Menschen sehen. Nicht aus weiter Entfernung, von oben oder unten, sondern als ein Mensch, der unter Menschen lebt. (…)

Ob es eine heisere Stimme ist, die Glocke, das geschriebene Wort oder die Trompete, lasst sie erklingen. Lasst sie klar und unentwegt erschallen. Die Stunde der Radikalen hat geschlagen!

Konsequente Perspektiven – was uns mit Alinsky verbindet

Die IG Metall und ein bekennender „Radikaler"? Das mag auf den ersten Blick als zumindest ungewöhnliche Verbindung erscheinen. Sind es doch nicht zuletzt unser Realitätssinn und eine gehörige Portion Pragmatismus, die unsere betriebliche und tarifliche Politik prägen.

Genau hier beginnen die ersten Verbindungslinien. Auch Alinskys Organizing-Strategie ist eine durch vorgefundene Realitäten bestimmte Strategie. „Die Grundlage allen Organizings ist das reale Leben der betroffenen Menschen". Mit diesen Worten leitet Alinsky das Kapitel „Die Community" ein. Und weiter heißt es dort: „Die, die eine Organizing-Struktur aufbauen wollen, fangen realistischerweise mit dem an, was sie vorfinden. Es ist egal, ob sie mit den örtlichen Umständen, Traditionen und Verbänden einverstanden sind oder nicht. Tatsache bleibt, dass dies die Ausgangsbedingungen für die Arbeit sind."

Mit dieser Haltung stellt Alinsky seine Philosophie auf die Füße, auf den Boden der Realität. Auch für uns als IG Metall sind die Interessen der betroffenen Menschen, die Interessen unserer Mitglieder, die konkreten Anliegen der Beschäftigten der Ausgangspunkt unserer Arbeit. Wir bauen keine Traumschlösser. Unser Anspruch auf ein „gutes Leben" ist konkret. Einen Kurswechsel einzufordern bedeutet, dass sich unser Kampf für bessere Arbeits- und Lebensbedingungen an greifbaren Erfolgen messen lassen muss.

Gleichzeitig ist es gute Tradition in der IG Metall, über den Tellerrand des Unmittelbaren hinauszuschauen und eine Vision für eine bessere und gerechtere Gesellschaft zu haben.

Schon Otto Brenner hat betont, dass der Kampf um Verbesserungen im täglichen Leben letztlich nicht ohne den Kampf um die Verbesserung der gesellschaftlichen Position der Arbeitnehmer möglich ist. Alinsky hat auch hier eine ganz ähnliche Position. Er schreibt über den Radikalen: „Er besteht darauf, dass die Arbeit des Menschen ihm nicht allein eine wirtschaftliche Sicherheit bietet, sondern dass sie auch die kreativen Wünsche eines jeden befriedigt. Der Radikale sieht die Wichtigkeit eines Jobs nicht allein im persönlichen Einkommen, sondern auch in seiner allgemeinen sozialen Bedeutung." Für Alinsky wie für die IG Metall ist der konkret handelnde Mensch immer auch ein gesellschaftlich Handelnder.

Einen Erfolg zu organisieren, bedeutet in diesem Sinne, dass etwas Erreichtes nur ein Erfolg ist, wenn es spürbar, greifbar, und erfahrbar ist, wenn die Betroffenen sich als Teil der Geschichte hinter dem Erfolg verstehen. Darin liegt das Potenzial für eine demokratische Emanzipation von bedrückenden Verhältnissen. Das ist die Haltung des Organizers Alinsky; und das ist die Haltung der IG Metall.

Sie in der praktischen Arbeit mit Leben zu füllen, erfordert Respekt vor den Menschen. Nur weil wir unsere Mitglieder aufrichtig ernst nehmen, sind wir in der Lage, ihnen „aus der Seele" zu sprechen und den Kampf für Verbesserungen nicht stellvertretend für sie, sondern gemeinsam mit ihnen zu führen. Wer die IG Metall von heute und ihre Arbeit aus der Nähe kennt, der nimmt wahr, dass dieser entscheidende Kern von Alinskys Strategiemodell, die Beteiligung, immer mehr umgesetzt wird. Die Beteiligung ist das herausragende Erfolgsprinzip der Arbeit der IG Metall.

Beteiligung und Mitbestimmung – warum wir Vorreiter sind

Dieses Prinzip der Beteiligung können wir künftig noch stärker und viel bewusster in unsere gesellschaftlichen, betrieblichen und tarifpolitischen Mobilisierungsstrukturen integrieren. Wir haben nicht zuletzt 2009 mit der großen bundesweiten Befragung von mehr als 450 000 Menschen im Rahmen unserer Kampagne „Gemeinsam für ein gutes Leben" bewiesen, wie erfolgreich wir damit sind. Welche andere politische Organisation in diesem Land wäre in der Lage, mit so vielen Menschen direkt ins Gespräch zu kommen, um herauszufinden, was sie im Einzelnen unter einem

„Guten Leben" verstehen, wo die dringendsten Handlungsbedarfe liegen? Welche Organisationen – wenn nicht die Gewerkschaften – hätten überhaupt ein Interesse daran?

Dass wir quasi „aus dem Stand" in der Lage sind, das Beteiligungs-Prinzip in unserer täglichen Arbeit immer wieder aufs Neue mit Leben zu füllen, ist ein direkter Ausdruck unserer gewerkschaftlichen Identität. Alle gewerkschaftliche Organisation ist von Anfang an eine Mitmach-Organisation, und die ganze Organisationsstruktur der IG Metall fußt auf Beteiligung. Es kommt daher darauf an, diese Kultur aktiv zu leben und systematisch neue Kolleginnen und Kollegen zu ermutigen und zu unterstützen, in unserer gemeinsamen Gewerkschaft aktiv zu werden: Dort, wo wir gut verankert sind und dort, wo es bisher faktisch keine Mitbestimmung gibt. Das ist für mich der Geist des aktiven Organisierens, für den Alinsky steht.

Unser Modell der Mitbestimmung ist ein Beteiligungs- und Aktivierungsmodell. In harten Konflikten, mit wochenlangen Streiks hat die Gewerkschaftsbewegung hierzulande, allen voran die IG Metall, leidenschaftlich und mit Erfolg darum gekämpft, dass Arbeitnehmer an unternehmerischen und betrieblichen Entscheidungen beteiligt werden und bis heute viele Angriffe von Wirtschaft und Politik auf die Rechte der betrieblichen Interessenvertretungen in etlichen Einzelkämpfen erfolgreich abgewehrt.

Unsere Vertrauensleutearbeit erweitert und ergänzt die Möglichkeiten der Betriebsverfassung. Sie ermöglicht viel intensivere Kommunikationsprozesse und eröffnet direktere Beteiligungsmöglichkeiten für Mitglieder, als dies vor allem in großen Betrieben nur durch die Arbeit der in ihrer Zahl stark beschränkten Betriebsräte und Jugendvertreter möglich ist. Eine politisch verstandene Betriebsrätearbeit und systematische gewerkschaftliche Aktivierung und Beteilung sind die Eckpfeiler unserer Strategie. Dieser wertvolle Erfahrungsschatz der IG Metall in allen Fragen von Beteiligung und Mitbestimmung macht uns zu einem natürlichen Verbündeten der Ideen von Saul David Alinsky und seiner Organizing-Strategie. Und er bedeutet eine große Verantwortung in einer gesellschaftlichen Situation, in der sich relevante Teile der politische Elite in unserem Land zu willfährigen Vollstreckern von Lobbyinteressen machen lassen. Das können wir am Umgang mit der Leiharbeit ebenso beobachten wie an der Finanzmarktpolitik und der Aufkündigung des Atomkompromisses.

Vom Betrieb in die Gesellschaft – vor welchen Aufgaben wir stehen

Ob Bildungsstreiks oder neue Anti-Atom-Bewegung, ob in Deutschland, in Europa oder überall auf der Welt: Wenn wir heute erleben, dass insbesondere die junge Generation sich nicht mehr damit zufriedengibt, von mehr oder weniger legitimierten politischen Stellvertretern mehr oder weniger dreist übergangen zu werden, dass sie mehr demokratische Teilhabe einfordert, dass sie gefragt, gehört und in ihren Interessen ernst genommen werden will, dann hat – um mit Alinsky zu sprechen – „die Stunde der Radikalen geschlagen".

Gerade heute kommt es vielleicht sogar mehr als in den vergangenen Jahrzehnten darauf an, dass wir uns als demokratische und emanzipative Kraft in betriebliche und gesellschaftliche Auseinandersetzungen einmischen. Die Erfolge von rechtspopulistischen Parteien und Bewegungen in unseren Nachbarländern können sich auch hier einstellen. Mit ihrem Hass bedrohen sie unsere Werte von Freiheit, Gerechtigkeit und Solidarität. Es kommt auch auf uns an, welche gesellschaftliche Vision sich durchsetzt. Alinsky spricht die Dinge in klaren Worten an: „Die wesentliche Frage, die über das Schicksal der Demokratie entscheiden wird, ist die, ob wir wirklich an Demokratie glauben."

Das ist keine geringere Frage als die Frage nach der Zukunft unserer Gesellschaft, es ist schlechthin die politische Kardinalsfrage unserer Zeit. „Die demokratische Lebensweise basiert auf dem Vertrauen in die Menschen, doch nur wenige Anführer in unserer Demokratie vertrauen wirklich den Menschen." Als Gewerkschafter, Funktionäre und Aktive der IG Metall gehören wir zu diesen wenigen. Und deshalb müssen wir der etablierten Politik vorangehen. Denn der unschätzbare Beitrag der IG Metall zur Stärkung und Entwicklung unserer Demokratie liegt auf der Hand: Wir wissen, wie Beteiligung zu organisieren ist. Auch über den betrieblichen Tellerrand hinaus, bis tief hinein in die politischen Entscheidungsstrukturen hierzulande.

Klar ist: Wer unsere Demokratie stärken will, der muss die Menschen beteiligen. Der muss Politik für die Mehrheit machen, die gleichzeitig eine Politik ist, die nicht zulasten der Rechte von Minderheiten geht.

Den Blick erweitern – die Zukunft erschließen

Die IG Metall hat sich auf den Weg gemacht, nicht nur eine gute Arbeit in der Betreuung unserer betrieblichen Aktiven und Mitglieder zu machen, sondern auch eine aktive Erschließungsgewerkschaft zu werden. Das bedeutet nicht weniger, als die Gewerkschaft dort aufzubauen, wo es sie bisher nicht gibt, in Abteilungen oder ganzen Unternehmen. Das ist ein schwieriger und oftmals sehr konfliktorischer Prozess. Wo keine Mitbestimmung herrscht, herrscht der Chef, und er kämpft darum, dass es so bleibt. Die ökonomische Vernunft der Mitbestimmung muss leider viel zu oft gegen den Willen des Kapitals durchgesetzt werden.

Wenn wir heute feststellen, dass für einen wachsenden und erheblichen Teil der jungen Generation die Perspektive „Generation prekär" lautet, können wir glücklicherweise oft mit Fug und Recht vertreten, dass das nicht für „unseren Betrieb" und das unmittelbare Umfeld unserer Kolleginnen und Kollegen gilt. Gleichzeitig wissen wir, dass es nur ein kleiner Schritt zu eigener Betroffenheit ist und das Problem eine gesellschaftliche Bedrohung für die Standards ist, die wir als Gewerkschaftsbewegung über Jahrzehnte erreicht haben.

Ob mitbestimmungsfreier Betrieb oder Thema mit gesellschaftlicher Brisanz: Die Zukunft zu erschließen, bedeutet Beteiligung zu organisieren, den Kreis der Aktiven auszubauen und die IG Metall durch mehr Mitglieder zu stärken. Das ist die Basis unseres betrieblichen und tariflichen „Kerngeschäfts" und der gesellschaftspolitischen Kampagnenarbeit. Im Geiste Alinskys muss das hier und heute für uns bedeuten, dass wir unseren Erschließungsanspruch auch gesellschaftlich begreifen. Denn wem die Menschen mit ihren Anliegen und Interessen am Herzen liegen, wer sie ernst nimmt und wer bereit ist, sie nicht nur ideell, sondern ganz konkret, praktisch und pragmatisch am demokratischen Prozess und am solidarischen gesellschaftlichen Zusammenleben zu beteiligen, der muss sich vernehmlich, offensiv und konstruktiv einmischen.

Sich auch dabei an Alinsky zu halten, an seine klare strategische Linie, die den Konflikt nicht scheut, sondern aktiv austrägt und an seine taktischen Kniffe, mit denen Kampagnen zu gewonnenen Kampagnen werden, das ist hier und heute die zentrale gewerkschaftliche Herausforderung, der sich die IG Metall gerne stellt. Denn wenn wir sie bestehen, werden alle gewinnen: Unsere Demokratie, die Gewerkschaftsbewegung und die Menschen in diesem Land. Sie sind es, um die es geht.

Detlef Wetzel,
Zweiter Vorsitzender der IG Metall

Dezember 2010

Detlef Wetzel,
geboren 1952 in Siegen, ist während seiner Ausbildung zum Werkzeugmacher gewerkschaftlich aktiv geworden. Nach dem Studium der Sozialarbeit wurde er 1980 Gewerkschaftssekretär in Siegen. Er leitete die örtliche Verwaltungsstelle der IG Metall als Erster Bevollmächtigter von 1997 bis 2004 und war von 2004 bis 2007 Leiter des IG Metall-Bezirks Nordrhein-Westfalen. Seit 2007 ist Detlef Wetzel Zweiter Vorsitzender der IG Metall. Er verantwortet die Arbeitsbereiche Organisation und Personal, Mitglieder- und Kampagnen, Betriebs- und Mitbestimmungspolitik der mit 2,3 Millionen Mitgliedern größten Gewerkschaft der Welt.

Eric Leiderer,

geboren 1972 in Aschaffenburg, ist seit 2008 Bundesjugendsekretär der IG Metall und Leiter des Vorstandsressorts „Junge IG Metall". Er verantwortet die 2009 gestartete und nach Prinzipien des Organizings ausgerichtete Mobilisierungs-Kampagne „Operation Übernahme" der IG Metall Jugend. Als größter politischer Jugendverband in Deutschland organisiert die IG Metall Jugend mehr als 200 000 Mitglieder unter 28.

A GOOD
TACTIC
IS ONE
YOUR PEOPLE
ENJOY
ALINSKY RULEZ

Die Kapitel „Was ist ein Radikaler?", „Krise", „Das Programm", „Die Leader", „Die Community", „Die Organisation", „Bildung", „Konflikt" und „Die Stunde der Radikalen hat geschlagen" stammen aus Saul Alinskys Buch „Reveille for Radicals", das erstmals 1946 erschienen und 1969 neu aufgelegt worden ist, und zwar in der Vintage Books Edition von Random House, Inc., New York. Die vorliegende Übersetzung wurde anhand der Neuauflage vom September 1969 vorgenommen. Dabei wurden die Kapitel „What Is a Radical?", „The Crisis", „The Program", „Native Leadership", „Community Traditions and Organizations", „Organizational Tactics", „Popular Education", „Conflict Tactics" und „Reveille for Radicals" gekürzt. Entsprechende Stellen wurden durch (...) kenntlich gemacht.

Die Kapitel „Wörter", „Ethik (Mittel und Zweck)", „Kommunikation" und „Taktik" sind Saul Alinskys zweitem Buch „Rules for Radicals – A Pragmatic Primer for Realistic Radicals" (Vintage Books Edition, Random House, Inc., New York March 1972) entnommen. Es handelt sich dabei um gekürzte Fassungen der Kapitel „A Word About Words", „Of Means and Ends", „Communication" und „Tactics".

Beide Bücher sind ungekürzt bereits einmal in der Bundesrepublik Deutschland herausgekommen. Im Burckhardthaus-Verlag (Gelnhausen/Berlin) erschien „Reveille for Radicals" 1973 unter dem Titel „Leidenschaft für den Nächsten". Zusammen mit dem Christophorus-Verlag (Freiburg) und dem Laetare-Verlag (Nürnberg/München) gab der Burckhardthaus-Verlag 1974 „Rules for Radicals" unter dem Titel „Die Stunde der Radikalen" heraus. Die Übersetzung beider Bücher besorgten Günter Ortmann und Rolf Schmidt. Sie konnte jedoch nicht so übernommen werden, die Kapitel wurden aus dem Amerikanischen neu übertragen.